全国职业院校技能大赛资源转换成果

汽车检测与维修竞赛案例集

全国机械职业教育教学指导委员会　组编

弋国鹏　赵　宇　张　颖　孟祥文　编著

机 械 工 业 出 版 社

《汽车检测与维修竞赛案例集》主要是对教育部组织的一年一度的全国职业院校技能大赛（高职组）汽车检测与维修赛项历年命题题库中的试题进行分析和总结，按照大赛相关要求，将迈腾汽车发动机控制系统、灯光控制系统、舒适性控制系统常见的故障诊断过程进行了详细的讲解，主要故障包括起动机不转、发动机无法起动、发动机运行异常、灯光系统工作异常、玻璃升降器异常、中控门锁异常、电动后视镜异常等。

《汽车检测与维修竞赛案例集》的主要任务是规范汽车诊断思维、细化技术细节，指导学生在具体的诊断过程中进一步掌握汽车发动机、灯光、舒适系统的结构和控制逻辑，学会使用各种诊断设备，培养学生将理论知识和实际操作相结合，更有效地掌握排除汽车故障的技能。

《汽车检测与维修竞赛案例集》可作为高职院校汽车检测与维修专业教材，也可以作为各类技能大赛的指导性教材。

图书在版编目（CIP）数据

汽车检测与维修竞赛案例集/弋国鹏等编著. —北京：机械工业出版社，2018.3（2024.7重印）

ISBN 978-7-111-59472-7

Ⅰ.①汽… Ⅱ.①弋… Ⅲ.①汽车–故障检测②汽车–车辆修理 Ⅳ.①U472

中国版本图书馆 CIP 数据核字（2018）第 056670 号

机械工业出版社（北京市百万庄大街 22 号　邮政编码 100037）
策划编辑：李　军　责任编辑：李　军　何士娟
责任校对：潘　蕊　封面设计：马精明
责任印制：单爱军
北京虎彩文化传播有限公司印刷
2024 年 7 月第 1 版第 5 次印刷
184mm×260mm·11 印张·261 千字
标准书号：ISBN 978-7-111-59472-7
定价：49.90 元

凡购本书，如有缺页、倒页、脱页，由本社发行部调换

电话服务　　　　　　　　　　网络服务
服务咨询热线：010 – 88361066　　机工官网：www.cmpbook.com
读者购书热线：010 – 68326294　　机工官博：weibo.com/cmp1952
　　　　　　　010 – 88379203　　金书网：www.golden – book.com
封面无防伪标均为盗版　　教育服务网：www.cmpedu.com

序

近年来，职业院校技能大赛作为引领专业建设与改革的有效方式，很好地推动了职业院校专业的稳步发展和人才培养质量的提升。高等职业院校汽车检测与维修赛项被列为全国职业院校技能大赛至今已有多年，在广大高等职业院校汽车类专业人才培养中产生了深远的影响。该赛项主要以汽车检测与维修技术为背景，通过"汽车发动机系统检修""汽车电气系统检修"两个模块的竞赛，以技术相对先进的大众迈腾汽车为平台，通过设置拆装、检测、诊断、维修等作业，考察选手的有关知识和技能，评估参赛队组织管理、团队协作、现场问题的分析与处理、工作效率、安全及文明生产等职业素养。

反观这几年的比赛过程和结果，选手在比赛中仍存在着操作不规范、测量不准确、分析不到位和思路不严谨等现象，导致了竞赛成绩不理想，同时也反映出对知识和技能学习的理解和掌握不够充分等问题。

鉴于竞赛中发现的各种问题，全国机械职业教育教学指导委员会本着"以赛促教、以赛促学、以赛促改、以赛促建"的宗旨，通过开展竞赛资源转化工作，拓展大赛成果在教学过程中的推广和应用，形成满足职业教育教学需求、体现先进教学模式、反映职业教育先进水平的共享性资源成果。为此，我们组织该赛项设计和命题的专家组成员，对多年比赛中存在的问题进行梳理分析，在大量实践验证的基础上，认真编写了这本赛项案例集。希望借此书能更好地指导高等职业院校汽车类专业的日常教学和竞赛训练，提升专业建设质量，培养出更多高水平的技术技能人才。

全国机械职业教育教学指导委员会

2018 年 5 月

前 言

为提高全国职业院校技能竞赛透明度和整体参赛水平，加强竞赛相关技术规范和日常教学活动紧密结合，培养学生在汽车故障诊断过程中的诊断思维和规范性操作能力，培养学生将理论知识和实际维修相结合以及编写技术通报的能力，帮助学生准备各类技能竞赛，在经过大量的试验和实践总结后，我们编写了这本实践性很强的指导性教材，供高职院校及其他院校汽车检测与维修专业学生使用。

本教材符合国家对技术技能型紧缺人才培养培训工作的要求，注重以就业为导向、以能力为本位，面向市场、面向社会，体现了职业教育的特色，满足了高素质人才培养的需求。

本教材的编写以"创新职业教育理念、改革教育教学模式、提升学生职业素质、适应经济社会发展"为指导思想，采用行业指导委员会、竞赛专家、一线企业和出版社相结合的编写模式。在组织编写过程中，认真总结了历年全国职业院校技能竞赛的相关技术文件，通过大量的验证性试验总结原车的结构特点和控制逻辑，并基于此制定了规范的诊断流程，同时还注重吸收了发达国家先进的职教理念和方法，形成了以下特色：

1) 打破了传统的教材体例，以大赛命题为单元确定知识目标和能力目标，使培养过程实现"知行合一"。

2) 以故障诊断过程为导向，细化作业流程，规范思维和操作过程，对必要的理论知识和关键技能都进行详细的解释，真正将技能竞赛的要求和日常的教学活动有机结合起来。

3) 在内容的选择上，注重汽车后市场职业岗位对人才的知识、能力要求，力求与相应的职业资格标准衔接，并较多地反映了新知识、新技术、新工艺、新方法、新材料的内容。

本书由参与 2012～2017 年技能竞赛的专家组核心成员负责编写，在编写过程中，认真总结了历年各种竞赛的相关技术文件，分类归纳了每届大赛题库中的竞赛内容，按照故障领域和故障现象进行了分类和总结，对历届大赛中存在的一些共性问题进行了详细的解释，对日常教学和竞赛训练具有较强的指导意义。

在本书的编写过程中，得到了全国机械职业教育教学指导委员会主任委员、机械工业教育发展中心主任陈晓明和机械工业教育发展中心副主任郑丽梅的关心和指导。此外，魏建平、贺桂栋、刘超、王磊、黄香思、柳琪、宋宗琦也参与了本书的资料收集、数据采集、文稿整理及其他相关工作。在此表示衷心的感谢。

由于经验有限，在理论分析、诊断流程和测试数据等可能有疏漏之处，请广大师生提出宝贵意见，以便在今后进行补充和改进。

编者

目　　录

竞赛试题一：
发动机起动异常
（起动机不转）的故障检修

建议：教师在引用本案例时，结合迈腾发动机交互式教学系统，在以下电路或元器件上设置单个故障点，仔细验证，安排学生完成工作页的所有内容。

序号	故障部位	故障性质
1	SC10 熔丝	虚接、断路、下游电路搭铁短路
2	J329 继电器触点	虚接、断路、5#输出搭铁短路
3	J329 继电器线圈	损坏（电阻正常）
4		损坏（电阻损坏）
5	SB30 熔丝	断路、虚接、下游电路搭铁短路
6	SB13 熔丝	断路、虚接、下游电路搭铁短路
7	J682 继电器触点	断路、虚接
8	J682 继电器线圈	损坏（电阻正常）
9		损坏（电阻损坏）
10	起动机控制信号 T1V 连接器	断路
11	起动机电源线（起动机侧连接器）	断路
12	起动机电源线（蓄电池侧连接器）	断路、虚接
13	起动机搭铁电路	断路、虚接

案例 1：SC10 虚接造成发动机无法起动的故障检修

1. 故障现象

打开点火开关，方向盘解锁，EPC 灯不亮。起动发动机，起动机不转，发动机无法起动。

2. 初步分析

打开点火开关时，方向盘正常解锁，说明防盗系统已经验证通过，EPC 灯不亮，加之起动机不转，可以推断发动机控制单元工作异常。

3. 诊断思路说明（图 1-1）

对于迈腾 1.8TSI 轿车而言，在打开点火开关时，发动机控制单元会通过两个渠道获得点火开关信号：一个是通过 T94/87 的端子电压感知；另一个是通过 CAN 总线系统获得。当仅仅获得 CAN 总线信息时，发动机控制单元会控制 J271 继电器闭合一段时间，然后再恢复

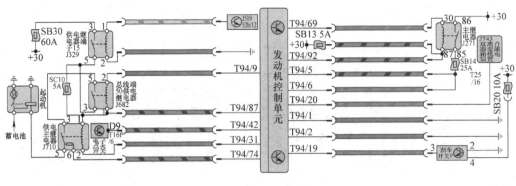

图 1-1

断电状态，诊断时需要注意。

基于以上控制逻辑，如果在打开点火开关后立即操作解码器，则多数情况下解码器应可以与发动机控制单元进行正常通信，但过段时间后通信就会自动中断，再次打开点火开关也一样；如果是在打开点火开关一段时间（长短不等）后再操作解码器，则解码器无法到达 J623。

由此可以产生两种思路：

1）打开点火开关一段时间（长短不等）后再操作解码器扫描网关，发现发动机控制单元无法通信，其他控制单元通信正常，加上 EPC 灯不亮、起动机不转，故判断发动机控制单元及相关电路异常，由此展开诊断。

2）基于"打开点火开关后立即操作解码器，多数情况下解码器应可以与发动机控制单元进行正常通信，但过段时间后通信就会自动中断，再次打开点火开关也一样"的事实，推断发动机没有接收到正确（完全）的点火开关信号，加之解码器可以与发动机控制单元进行通信，说明 CAN 总线没有故障，车辆 15#电源电路正常，由此可以推断发动机控制单元 15#电源电路存在故障。

4. 诊断过程

第一步：扫描网关列表，读取故障码

对于具有自诊断功能的系统而言，读取故障码是所有检测工作的第一步。如果有故障码，则应清楚故障码的含义和生成的条件，并基于此展开诊断和故障检修。

实测结果分两种情况：第一种是在打开点火开关后立即操作解码器，多数情况下解码器可以正常通信，但过段时间后通信中断，再次打开点火开关也一样；第二种是在打开点火开关一段时间后再操作解码器，则解码器无法到达 J623，但其他控制单元通信正常，且在地址码 53 和地址码 03 中存在发动机控制单元无通信的故障码；利用解码器读取 CAN 总线系统故障，解码器会显示"发动机无法进入"的故障，此时也可用别的方法锁定发动机控制单元无法进入。

第一种情况说明发动机控制单元 15#电源电路存在故障，应直接进行"第七步：检查 J623 的点火开关信号（15#）"的测量。

第二种情况说明发动机控制单元无法进入，因为解码器未报 CAN 总线相关故障，而且解码器能进入其他系统，所以造成发动机无法进入的原因：

1）发动机控制单元自身故障。

2）发动机控制单元电源电路故障。

3）CAN 总线系统局部故障。

为确定具体故障所在及考虑故障概率的问题，建议先进行电路测试，再考虑更换元件。

由于 J623 的主电源供给 T94/5 和 T94/6 两个端子的电压是受其 T94/69 端子通过控制 J271 继电器的运行来进行控制的，而 T94/69 端子的电压又是在 T94/1 和 T94/2 搭铁正常的情况下受控于 T4/87 的点火开关信号（15#）。因此，根据其中的控制逻辑，这里不支持对所有供电端子电压同时进行测量，而应按控制逻辑的相反顺序进行测量。

第二步：发动机控制单元电源供给检查

打开点火开关，用汽车专用万用表同时测量 J623 的 T94/5 和 T94/6 搭铁电压。在正常情况下，两个端子电压应为蓄电池电压。如果为蓄电池电压，则表明供电未见异常，造成发动机控制单元无法进入的故障可能在控制单元自身。而如果 T94/5 和 T94/6 搭铁电压未达到蓄电池电压，即为 0 或 0 到蓄电池电压间的某个数，则故障可能是：

1）SB14 与 T94/5、T94/6 之间电路故障。

2）SB14 及其上游电路故障。

实测结果：在打开点火开关时，J623 的 T94/5 和 T94/6 搭铁电压均从 0 跳跃到蓄电池电压，过数秒后又变为 0。

为确定故障具体是 1）还是 2），最好通过测量 SB14 输入端的电压来判定。但因为无法确定 SB14 哪端为输出端，所以需对 SB14 两端搭铁电压同时进行测量。

第三步：SB14 两端搭铁电压的测量

保持点火开关打开，用汽车专用万用表测量 SB14 两端搭铁电压。正常情况下，SB14 两端搭铁电压应为蓄电池电压。如果两端电压均为蓄电池电压，则说明故障在 SB14 与 T94/5 和 T94/6 之间电路上；如果 SB14 一端为蓄电池电压，而另外一端为 0，则说明故障在 SB14 自身；如果 SB14 两端均为 0 或 0 到蓄电池电压间的某个数，则说明故障可能是：

1）SB14 与 J271 的 87#之间电路故障。

2）J271 及其相关电路故障。

实测结果：SB14 两端搭铁电压均为 0。

第四步：J271 的输出测试

对继电器的工作情况进行判定，最好通过继电器电流输出端的电压值进行判定。不赞同同时对继电器的所有端子进行测量。

保持点火开关打开，用汽车专用万用表检测 J271 的 87#搭铁电压。正常情况下，该端子电压应为蓄电池电压。如果测试结果未见异常，则说明故障可能在 SB14 与 J271 的 87#之间的电路上。如果测试结果为 0 或 0 到蓄电池电压间的某个数，则说明 J271 继电器输出异常，可能原因为：

1）J271 自身故障。

2）J271 电源电路故障。

3）J271 控制电路故障。

实测结果：J271 的 87#搭铁电压为 0。

要想判定继电器工作异常是由以上三种原因中的哪个造成，一般通过先测量继电器工作状态时的线圈控制端 86#、开关输入端 30#，再测量线圈供电端 85# 的电压来进行判定。

注意：对继电器的测量最有效的方法是用"T"型线将继电器座与继电器分开并连接，第三条线用来测量各连接器在工作状态时的电压。

第五步：检查 J271 的开关电源、控制信号测试

保持点火开关打开，用汽车专用万用表测量继电器 30#、86#搭铁电压。正常情况下，其标准见表 1-1。

表 1-1

30#搭铁电压	86#搭铁电压
始终为蓄电池电压	蓄电池电压到 0

如果 30#搭铁电压始终为 0，则说明 J271 的 30#与蓄电池正极间电路存在断路故障；如果在打开点火开关时，30#搭铁电压为蓄电池电压，而在起动时降低过多（例如 9V 以下），则说明 J271 的 30#与蓄电池正极间电路存在虚接故障。

如果 J271 的 86#搭铁电压始终保持蓄电池电压，则说明 J271 继电器没有接收到发动机控制单元 J623 的控制信号，可能原因：

1）J271 的 86#与 J623 的 T94/69 间电路断路。

2）J623 未发出继电器控制信号。

如果 J271 的 86#搭铁电压始终保持 0，则说明：

1）J271 自身故障。

2）J271 的 85#未得到蓄电池电压。

实测结果：J271 的 86#、30#搭铁电压均始终为蓄电池电压，说明 30#电压正常，86#电压异常，J623 未发出继电器控制信号。

第六步：检查 J623 的继电器 J271 控制信号输出

维持点火开关打开，用汽车专用万用表测量 J623 的 T94/69 的搭铁电压。正常情况下，其标准为 0。如果 J623 的 T94/69 的搭铁电压始终保持蓄电池电压，则说明 J271 未接收到继电器控制信号，可能原因为：

1）J623 自身故障。

2）J623 搭铁及 15#信号电路故障（控制条件）。

初次打开点火开关时，发动机控制单元会有一段时间的电源电压供给，这说明发动机控制单元的搭铁电路应该没有问题，暂时可以不用考虑。

第七步：检查 J623 的点火开关信号（15#）

维持点火开关打开，用万用表测试 J623 的 T94/87 的搭铁电压。在正常情况下，T94/87 的搭铁电压应为蓄电池电压。如果 T94/87 的搭铁电压为 0 或部分蓄电池电压，则说明 J623 的点火开关信号电路存在故障，可能原因：

1）J623 的 T94/87 与 SC10 之间电路断路故障。

2）SC10 本身及供电电路故障。

实测结果：J623 的 T94/87 的搭铁电压始终为 0.89V（此数值与虚接电阻大小有关，异常）。

第八步：检查 SC10 熔丝两端电压

维持点火开关打开，用万用表测试 SC10 两端的搭铁电压。在正常情况下，SC10 两端搭

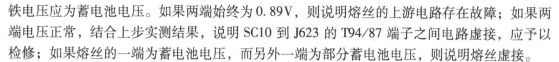

铁电压应为蓄电池电压。如果两端始终为 0.89V，则说明熔丝的上游电路存在故障；如果两端电压正常，结合上步实测结果，说明 SC10 到 J623 的 T94/87 端子之间电路虚接，应予以检修；如果熔丝的一端为蓄电池电压，而另外一端为部分蓄电池电压，则说明熔丝虚接。

实测结果：SC10 熔丝的一端为蓄电池电压，而另外一端为 0.89V。这说明熔丝虚接。更换熔丝后进行试验，故障排除，系统恢复正常。

案例 2：SC10 断路造成发动机无法起动的故障检修

1. 故障现象

打开点火开关，方向盘解锁，EPC 灯不亮。紧接着起动发动机，起动机不转，发动机无法起动。

2. 初步分析

打开点火开关时，方向盘正常解锁，说明防盗系统已经验证通过，EPC 灯不亮，加之起动机不转，可以推断发动机控制单元工作异常。

3. 诊断思路说明（图 1-2）

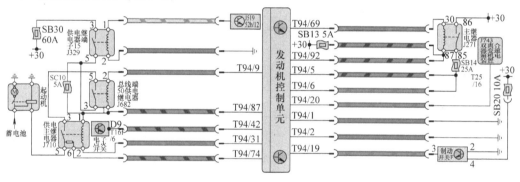

图 1-2

对于迈腾 1.8TSI 轿车而言，在打开点火开关时，发动机控制单元会通过两个渠道获得点火开关信号：一个是通过 T94/87 的端子电压感知；一个是通过 CAN 总线系统获得。当仅仅获得 CAN 总线信息时，发动机控制单元会控制 J271 继电器闭合一段时间，然后再恢复断电状态，诊断时需要注意。

基于以上控制逻辑，如果在打开点火开关后立即操作解码器，多数情况下解码器应可以与发动机控制单元进行正常通信，但过段时间通信就会自动中断，再次打开点火开关也一样；如果是在打开点火开关一段时间（长短不等）后再操作解码器，则解码器无法到达 J623。

由此可以产生两种思路：

1）打开点火开关一段时间（长短不等）后再操作解码器扫描网关，发现发动机控制单元无法通信，其他控制单元通信正常，加上 EPC 灯不亮、起动机不转，故判断发动机控制单元及相关电路异常，由此展开诊断。

2）基于"打开点火开关后立即操作解码器，多数情况下解码器应可以与发动机控制单元进行正常通信，但过段时间后通信就会自动中断，再次打开点火开关也一样"的事实，推断发动机没有接收到正确（完全）的点火开关信号，加之解码器可以与发动机控制单元进行通信，说明 CAN 总线没有故障，车辆 15#电源电路正常，由此可以推断发动机控制单元 15#电源电路存在故障。

4. 诊断过程

第一步：扫描网关列表，读取故障码

对于具有自诊断功能的系统而言，读取故障码是所有检测工作的第一步。如果有故障码，则应清楚故障码的含义和生成的条件，并基于此展开诊断和故障检修。

实测结果分两种情况：第一种是在打开点火开关后立即操作解码器，多数情况下解码器可以正常通信，但过段时间后通信中断，再次打开点火开关也一样；第二种是在打开点火开关一段时间后再操作解码器，则解码器无法到达 J623，但其他控制单元通信正常，且在地址码 53 和地址码 03 中存在发动机控制单元无通信的故障码；利用解码器读取 CAN 总线系统故障，解码器会显示"发动机无法进入"的故障，此时也可用别的方法锁定发动机控制单元无法进入。

第一种情况说明发动机控制单元 15#电源电路存在故障，应直接进行"第七步：检查 J623 的点火开关信号（15#）"的测量。

第二种情况说明发动机控制单元无法进入，因为解码器未报 CAN 总线相关故障，而且解码器能进入其他系统，所以造成发动机无法进入的原因：

1）发动机控制单元自身故障。

2）发动机控制单元电源电路故障。

3）CAN 总线系统局部故障。

为确定具体故障所在及考虑故障概率的问题，建议先进行电路测试，再考虑更换元件。

J623 的主电流供给 T94/5 和 T94/6 两个端子的电压是受其 T94/69 端子通过控制 J271 继电器的运行来进行控制的，而 T94/69 端子的电压又是在 T94/1 和 T94/2 搭铁正常的情况下受控于 T4/87 的点火开关信号（15#）。因此，根据其中的控制逻辑，这里不支持对所有供电端子电压同时进行测量，而应按控制逻辑的相反顺序进行测量。

第二步：发动机控制单元电源供给检查

打开点火开关，用汽车专用万用表测量 J623 的 T94/5 和 T94/6 的搭铁电压。在正常情况下，两个端子电压应为蓄电池电压。如果为蓄电池电压，则表明供电未见异常，造成发动机控制单元无法进入的故障可能在控制单元自身。而如果 T94/5 和 T94/6 搭铁电压未达到蓄电池电压，即为 0 或 0 到蓄电池电压间的某个数，则故障可能为：

1）SC14 与 T94/5、T94/6 之间电路故障。

2）SC14 及其上游电路故障。

实测结果：在打开点火开关时，J623 的 T94/5 和 T94/6 搭铁电压均从 0 跳跃到蓄电池电压，过数秒后又变为 0。

为确定故障具体是 1）还是 2），最好通过测量 SC14 的输入端电压来判定，但由于无法确定 SC14 哪端为输出端，因而需对 SC14 两端搭铁电压同时进行测量。

第三步：SC14 两端搭铁电压的测量

保持点火开关打开，用汽车专用万用表测量 SC14 两端搭铁电压。在正常情况下，SC14 两端搭铁电压应为蓄电池电压。如果两端电压均为蓄电池电压，则说明故障在 SC14 与 T94/

5 和 T94/6 之间电路上；如果 SC14 一端为蓄电池电压，而另外一端为 0，则说明故障在 SC14 自身；如果 SC14 两端均为 0 或 0 到蓄电池电压间的某个数，则说明故障可能为：

1）SC14 与 J271 的 87#之间电路故障。

2）J271 及其相关电路故障。

实测结果：SC14 两端搭铁电压均为 0。

第四步：J271 的输出测试

对继电器的工作情况进行判定，最好通过继电器电流输出端的电压值进行判定。不赞同同时对继电器的所有端子进行测量。

保持点火开关打开，用汽车专用万用表检测 J271 的 87#搭铁电压。在正常情况下，该端子电压应为蓄电池电压。如果实测结果未见异常，则说明故障可能在 SC14 与 J271 的 87#之间的电路上。如果实测结果为 0 或 0 到蓄电池电压间的某个数，则说明 J271 继电器输出异常，可能原因为：

1）J271 自身故障。

2）J271 电源电路故障。

3）J271 控制电路故障。

实测结果：J271 的 87#搭铁电压为 0。

要想判定继电器工作异常是由以上三种原因中的哪个造成，一般通过先测量继电器工作状态时的线圈控制端 86#、开关输入端 30#，再测量线圈供电端 85#的电压来进行判定，也可以同时对 85#、86#、30#端子电压同时进行测量。

注意：对继电器的测量最有效的方法是用"T"型线将继电器座与继电器分开并连接，第三条线用来测量各连接器在工作状态时的电压。

第五步：检查 J271 的电源、控制信号测试

保持点火开关打开，用汽车专用万用表测量继电器 30#、86#搭铁电压。在正常情况下，其标准见表 1-2。

表 1-2

30#搭铁电压	86#搭铁电压
始终为蓄电池电压	蓄电池电压到 0

如果 30#搭铁电压始终为 0，则说明 J271 的 30#与蓄电池正极间电路存在断路故障；如果在打开点火开关时，30#搭铁电压为蓄电池电压，而在起动时降低过多（例如 9V 以下），则说明 J271 的 30#与蓄电池正极间电路虚接故障。

如果 J271 的 86#搭铁电压始终保持蓄电池电压，则说明 J271 继电器没有接收到发动机控制单元 J623 的控制信号，可能原因为：

1）J271 的 86#与 J623 的 T94/69 间电路断路。

2）J623 未发出继电器控制信号。

如果 J271 的 86#的搭铁电压始终保持 0，则说明：

1）J271 自身故障。

2）J271 的 85#未得到蓄电池电压。

实测结果：J271 的 86#、30#的搭铁电压均始终为蓄电池电压，说明 30#电压正常。J271

未接收到继电器控制信号。

第六步：检查 J623 的继电器 J271 控制信号输出

维持点火开关打开，用汽车专用万用表测量 J623 的 T94/69 的搭铁电压；在正常情况下，其标准为 0；如果 J623 的 T94/69 的搭铁电压始终保持蓄电池电压，则说明 J623 没有发出继电器控制信号，可能原因为：

1）J623 自身故障。

2）J623 搭铁及 15#信号电路故障（控制条件）。

初次打开点火开关时，发动机控制单元会有一段时间的电源电压供给，这说明发动机控制单元的搭铁电路应该没有问题，暂时可以不用考虑。

第七步：检查 J623 的点火开关信号（15#）

维持点火开关打开，用万用表测试 J623 的 T94/87 的搭铁电压。在正常情况下，T94/87 的搭铁电压应为蓄电池电压。如果 T94/87 的搭铁电压为 0 或部分蓄电池电压，则说明 J623 的点火开关信号电路存在故障，可能原因为：

1）J623 的 T94/87 与 SC10 之间电路断路故障。

2）SC10 本身及供电电路故障。

实测结果：J623 的 T94/87 的搭铁电压始终为 0，异常。

第八步：检查 SC10 熔丝两端电压

维持点火开关打开，用万用表测试 SC10 两端的搭铁电压。在正常情况下，SC10 两端的搭铁电压应为蓄电池电压。如果两端始终为 0，则说明熔丝的上游电路存在故障；如果两端电压正常，结合上步实测结果，说明 SC10 到 J623 的 T94/87 端子之间电路断路，应予以检修；如果熔丝的一端为蓄电池电压，而另外一端为部分蓄电池电压，则说明熔丝虚接。

实测结果：SC10 熔丝的一端为蓄电池电压，而另外一端为 0。这说明熔丝断路。更换熔丝后进行试验，故障排除，系统恢复正常。

案例 3：J329 继电器触点断路造成发动机无法起动的故障检修

1. 故障现象

打开点火开关，方向盘解锁（防盗验证通过），但仪表板不亮，起动发动机时，起动机不转。

2. 诊断思路说明

可以按照以下两种思路进行（图 1-3）：

1）在使用解码器扫描网关时，发现多个控制单元无法通信，加之仪表、空调（面板）等受点火开关控制的系统或设备均不工作，故推断车辆 15#供电异常，由此展开诊断。

2）不考虑整车 15#供电的问题，单单考虑发动机控制单元无法通信的故障，并由此展开诊断。

这里推荐使用第一种方法。

3. 初步分析

由于打开点火开关时，防盗解锁、仪表不亮等现象，可以推断整车 15#供电异常。

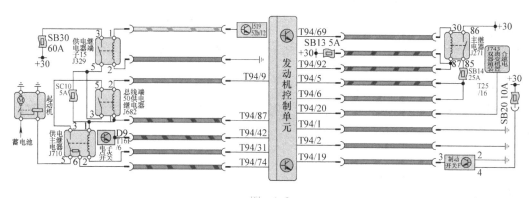

图 1-3

4. 诊断过程

第一步：扫描网关列表，读取故障码

对于具有自诊断功能的系统而言，读取故障码是所有检测工作的第一步。如果有故障码，则应清楚故障码的含义和生成的条件，并基于此展开诊断和故障检修。

结果发现：解码器与发动机控制单元通信异常，解码器与其他控制单元通信异常。

分析实测结果：相关控制单元没有15#供电。

可能原因：J329 及其相关电路。

5. 诊断思路

1）因为相关单元都是从 J329 的 5#获得电源，所以下一步开始测量 J329 的输出。

2）由于相关控制单元多连有熔丝，这些熔丝均连接到 J329 的 5#。为方便测量，可以找任何一个相关熔丝进行测量，例如 SC10。这里采用前者。

第二步：测试 J329 继电器的输出

打开点火开关，用万用表测量 J329 继电器 5#的搭铁电压，在正常情况下应为 + B，实测为 0。实测结果异常，可能原因为：

1）J329 继电器自身故障。

2）J329 继电器触点供电电路故障。

3）J329 继电器电磁线圈控制电路（包含正极和负极）故障。

第三步：测试 J329 的电源和控制信号

打开点火开关，用万用表测量 J329 继电器的 1#、2#、3#的搭铁电压。在正常情况下：1#端子的搭铁电压从点火开关打开前的 0 到打开后的 + B，2#端子的搭铁电压为搭铁电压，3#端子的搭铁电压应为 + B，实测正常，说明继电器损坏。

第四步：J329 继电器单件测试

如果进行 J329 继电器单件测试，则要求严格按照以下步骤进行：

1）测量继电器 1#和 2#之间的电阻，正常值为 60 ~ 200Ω，实测结果正常。

注意：只有在电阻正常的情况下才能进行通电测试。

2）2#接蓄电池负极，然后 1#接蓄电池正极，用万用表测量 3#和 5#端子之间的电阻，应从无穷大切换到导通。

实测结果：触点无法闭合。更换继电器后，打开点火开关，仪表板恢复正常，起动发动机时，起动机可以旋转，故障排除。

案例4：J329 继电器触点虚接造成发动机无法起动的故障检修

1. 故障现象

打开点火开关，方向盘解锁（防盗验证通过），但仪表板不亮，起动发动机时，起动机不转。

2. 诊断思路说明

可以按照以下两种思路进行（图1-4）：

1）在使用解码器扫描网关时，发现多个控制单元无法通信，加之仪表、空调（面板）等受点火开关控制的系统或设备均不工作，故推断车辆15#供电异常，由此展开诊断。

2）不考虑整车15#供电的问题，单单考虑发动机控制单元无法通信的故障，并由此展开诊断。

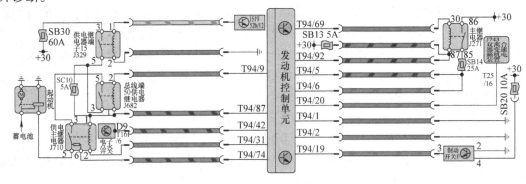

图　1-4

这里推荐使用第一种方法。

3. 初步分析

由于打开点火开关时，防盗解锁、仪表不亮等，可以推断整车15#供电异常。

4. 诊断过程

第一步：扫描网关列表，读取故障码

对于具有自诊断功能的系统而言，读取故障码是所有检测工作的第一步。如果有故障码，则应清楚故障码的含义和生成的条件，并基于此展开诊断和故障检修。

结果发现：解码器与发动机控制单元通信异常，解码器与其他控制单元通信异常。

分析实测结果：相关控制单元没有15#供电。

可能原因：J329 及其相关电路。

5. 诊断思路

1）因为相关单元都是从 J329 的5#获得电源，所以下一步开始测量 J329 的输出。

2）由于相关控制单元多连有熔丝，这些熔丝均连接到 J329 的5#，为方便测量，可以找任何一个相关熔丝进行测量，例如 SC10。这里采用前者。

第二步：测试 J329 继电器的输出

打开点火开关时，用万用表测量 J329 继电器的5#的搭铁电压。在正常情况下应为 +B，实测为从点火开关关闭时的0跃升到点火开关打开时的0.75V（此数值与虚接电阻有关，电阻越大，该数值越小）。实测结果异常，可能原因为：

1）J329 继电器自身故障。

2）J329 继电器触点供电路故障。

第三步：测试 J329 的开关电源

打开点火开关时，用万用表测量 J329 继电器的 3# 的搭铁电压，在正常情况下：3# 端子的搭铁电压应从点火开关关闭时的 0 跃升到点火开关打开时的 +B，实测结果正常，结合上步测试，说明在 J329 继电器的 3# 和 5# 之间存在较大电压降，3# 和 5# 之间存在虚接。

更换继电器后，打开点火开关，仪表板恢复正常，起动发动机时，起动机可以旋转，故障排除。

案例 5：J329 继电器线圈损坏（并联电阻正常）造成发动机无法起动的故障检修

1. 故障现象

打开点火开关，方向盘解锁（防盗验证通过），但仪表不亮，起动发动机时，起动机不转。

2. 诊断思路说明（图 1-5）

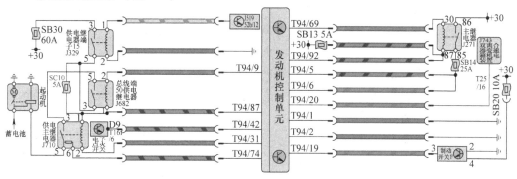

图 1-5

可以按照以下两种思路进行：

1）在使用解码器扫描网关时，发现多个控制单元无法通信，加之仪表、空调（面板）等受点火开关控制的系统或设备均不工作，故推断车辆 15# 供电异常，由此展开诊断。

2）不考虑整车 15# 供电的问题，单单考虑发动机控制单元无法通信的故障，并由此展开诊断。

这里推荐使用第一种方法。

3. 初步分析

由于打开点火开关时，防盗解锁、仪表不亮等，可以推断整车 15# 供电异常。

4. 诊断过程

第一步：扫描网关列表，读取故障码

对于具有自诊断功能的系统而言，读取故障码是所有检测工作的第一步。如果有故障码，则应清楚故障码的含义和生成的条件，并基于此展开诊断和故障检修。

结果发现：解码器与发动机控制单元通信异常，解码器与其他控制单元通信异常。

分析实测结果：相关控制单元没有15#供电。

可能原因：J329及其相关电路。

5. 诊断思路

1）因为相关单元都是从J329的5#获得电源，所以下一步开始测量J329的输出。

2）由于相关控制单元多连有熔丝，这些熔丝均连接到J329的5#，为方便测量，可以找任何一个相关熔丝进行测量，例如SC10。这里采用前者。

第二步：测试J329继电器的输出

打开点火开关，用万用表测量J329继电器5#的搭铁电压，在正常情况下应为+B，实测为0。实测结果异常，可能原因：

1）J329继电器自身故障。

2）J329继电器触点供电电路故障。

3）J329继电器电磁线圈控制电路（包含正极和负极）故障。

第三步：测试J329的电源和控制信号

打开点火开关，用万用表测量J329继电器的1#、2#、3#的搭铁电压，在正常情况下：1#端子的搭铁电压从点火开关打开前的0到打开后的+B，2#端子的搭铁电压为搭铁电压，3#端子的搭铁电压应为+B，实测正常，说明继电器自身故障，但不能确定故障具体部位。

第四步：J329继电器单件测试

如果进行J329继电器单件测试，则要求严格按照以下步骤进行：

1）测量继电器1#和2#之间的电阻，正常值为60～200Ω。

注意：只有在电阻正常的情况下才能通电测试。

2）2#接蓄电池负极，然后1#接蓄电池正极，用万用表测量3#和5#端子之间的电阻，应从无穷大切换到导通。

实测结果：继电器1#和2#之间的电阻为300Ω。实测结果异常，说明继电器本身损坏。更换继电器后，打开点火开关，仪表板恢复正常，起动发动机时，起动机可以旋转，故障排除。

案例6：J329继电器线圈损坏（并联电阻同时损坏）造成发动机无法起动的故障检修

1. 故障现象

打开点火开关，方向盘解锁（防盗验证通过），但仪表板不亮，起动发动机时，起动机不转。

2. 诊断思路说明（图1-6）

可以按照以下两种思路进行：

1）在使用解码器扫描网关时，发现多个控制单元无法通信，加之仪表、空调（面板）等受点火开关控制的系统或设备均不工作，故推断车辆15#供电异常，由此展开诊断。

2）不考虑整车15#供电的问题，单单考虑发动机控制单元无法通信的故障，并由此展开诊断。

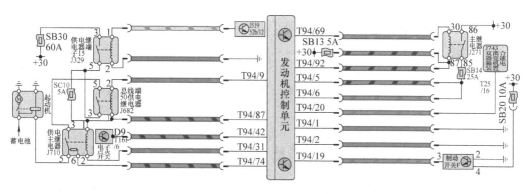

图 1-6

这里推荐使用第一种方法。

3. 初步分析

由于打开点火开关时，防盗解锁、仪表不亮等，可以推断整车15#供电异常。

4. 诊断过程

第一步：扫描网关列表，读取故障码

对于具有自诊断功能的系统而言，读取故障码是所有检测工作的第一步。如果有故障码，则应清楚故障码的含义和生成的条件，并基于此展开诊断和故障检修。

结果发现：解码器与发动机控制单元通信异常，解码器与其他控制单元通信异常。

分析实测结果：相关控制单元没有15#供电。

可能原因：J329及其相关电路。

5. 诊断思路

1）因为相关单元都是从J329的5#获得电源，所以以下一步开始测量J329的输出。

2）由于相关控制单元多连有熔丝，这些熔丝均连接到J329的5#，为方便测量，可以找任何一个相关熔丝进行测量，例如SC10。这里采用前者。

第二步：测试J329继电器的输出

打开点火开关，用万用表测量J329继电器的5#的搭铁电压，在正常情况下应为+B，实测为0。实测结果异常，可能原因为：

1）J329继电器自身故障。

2）J329继电器触点供电电路故障。

3）J329继电器电磁线圈控制电路（包含正极和负极）故障。

第三步：测试J329的电源和控制信号

打开点火开关，用万用表测量J329继电器的1#、2#、3#的搭铁电压。在正常情况下：1#端子的搭铁电压从点火开关打开前的0到打开后的+B，2#端子的搭铁电压为搭铁电压，3#端子的搭铁电压应为+B，实测2#、3#端子电压正常，但1#检测不到搭铁电压，说明继电器自身断路故障，需要更换。

第四步：J329继电器单件测试，以便验证

如果进行J329继电器单件测试，则要求严格按照以下步骤进行：

1）测量继电器1#和2#之间的电阻，正常值为60~200Ω。

注意：只有在电阻正常的情况下才能通电测试。

2）2#接蓄电池负极，然后1#接蓄电池正极，用万用表测量3#和5#端子之间的电阻，应从无穷大切换到导通。

实测结果：继电器1#和2#之间的电阻为无穷大。实测结果异常，说明继电器本身损坏。更换继电器后，打开点火开关，仪表板恢复正常，起动发动机时，起动机可以旋转，故障排除。

案例7：SB30 熔丝熔断造成发动机无法起动的故障检修

1. 故障现象

打开点火开关，方向盘解锁（防盗验证通过），但仪表板不亮，起动发动机时，起动机不转。

2. 诊断思路说明

可以按照以下两种思路进行：

1）在使用解码器扫描网关时，发现多个控制单元无法通信，加之仪表、空调（面板）等受点火开关控制的系统或设备均不工作，故推断车辆15#供电异常，由此展开诊断。

2）不考虑整车15#供电的问题，单单考虑发动机控制单元无法通信的故障，并由此展开诊断。

这里推荐使用第一种方法。

3. 初步分析（图1-7）

由于打开点火开关时，防盗解锁、仪表不亮等，可以推断整车15#供电异常。

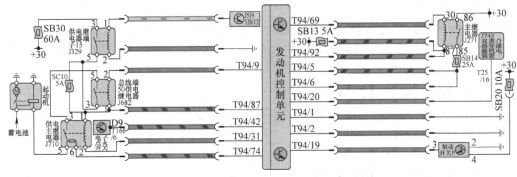

图 1-7

4. 诊断过程

第一步：扫描网关列表，读取故障码

对于具有自诊断功能的系统而言，读取故障码是所有检测工作的第一步。如果有故障码，则应清楚故障码的含义和生成的条件，并基于此展开诊断和故障检修。

结果发现：解码器与发动机控制单元通信异常，解码器与其他控制单元通信异常。

分析实测结果：相关控制单元没有15#供电。

可能原因：J329 及其相关电路。

5. 诊断思路

1）因为相关单元都是从 J329 的 5#获得电源，所以下一步开始测量 J329 的输出。

2）由于相关控制单元多连有熔丝，这些熔丝均连接到 J329 的 5#，为方便测量，可以找任何一个相关熔丝进行测量，例如 SC10。这里采用前者。

第二步：测试 J329 继电器的输出

打开点火开关，用万用表测量 J329 继电器的 5#的搭铁电压，在正常情况下应为 +B，实测为 0。实测结果异常，可能原因为：

1）J329 继电器自身故障。

2）J329 继电器触点供电电路故障。

3）J329 继电器电磁线圈控制电路（包含正极和负极）故障。

第三步：测试 J329 的电源和控制信号

打开点火开关，用万用表测量 J329 继电器的 3#、2#、1#的搭铁电压。在正常情况下：3#端子的搭铁电压应为 +B，2#端子的搭铁电压始终为搭铁电压，1#端子的搭铁电压从点火开关打开前的 0 到打开后的 +B，实测 1#端子电压正常，3#端子电压始终为 0，属于异常，可能原因为：

1）J329 继电器与 SB30 之间的电路故障。

2）SB30 自身故障。

3）SB30 电源电路故障。

第四步：SB30 两端搭铁电压的测量（可以分开也可以合并）

打开点火开关，用汽车专用万用表测量 SB30 两端搭铁电压。在正常情况下，SB30 两端搭铁电压应为 +B。如果两端电压均为 +B，则说明故障在 SB30 与 J329 的 3#之间的电路上；如果 SB30 一端 +B，而另外一端为 0 或部分蓄电池电压，则说明故障在 SB30 自身；如果 SB30 两端均为 0，则说明故障可能在 SB30 与蓄电池之间的电路上。

实测结果：SB30 一端为 +B，而另外一端为 0。说明熔丝损坏，更换熔丝后，故障排除，运行一段时间，故障未重复出现。

案例 8：SB30 熔丝虚接造成发动机无法起动的故障检修

1. 故障现象

打开点火开关，方向盘解锁（防盗验证通过），但仪表不亮，起动发动机时，起动机不转。

2. 诊断思路说明

可以按照以下两种思路进行（图 1-8）：

1）在使用解码器扫描网关时，发现多个控制单元无法通信，加之仪表、空调（面板）等受点火开关控制的系统或设备均不工作，故推断车辆 15#供电异常，由此展开诊断。

2）不考虑整车 15#供电的问题，单单考虑发动机控制单元无法通信的故障，并由此展开诊断。

这里推荐使用第一种方法。

3. 初步分析

由于打开点火开关时，防盗解锁、仪表板不亮等，可以推断整车 15#供电异常。

4. 诊断过程

第一步：扫描网关列表，读取故障码

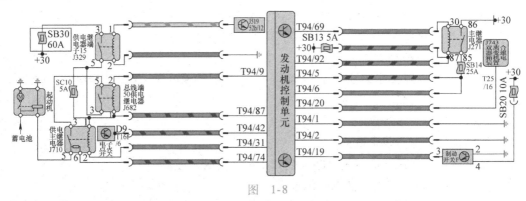

图 1-8

对于具有自诊断功能的系统而言，读取故障码是所有检测工作的第一步。如果有故障码，则应清楚故障码的含义和生成的条件，并基于此展开诊断和故障检修。

结果发现：解码器与发动机控制单元通信异常，解码器与其他控制单元通信异常。

分析实测结果：相关控制单元没有15#供电。

可能原因：J329及其相关电路。

5. 诊断思路

1）因为相关单元都是从J329的5#获得电源，所以下一步开始测量J329的输出。

2）由于相关控制单元多连有熔丝，这些熔丝均连接到J329的5#，为方便测量，可以找任何一个相关熔丝进行测量，例如SC10。这里采用前者。

第二步：测试J329继电器的输出

打开点火开关，用万用表测量J329继电器的5#的搭铁电压，在正常情况下应为+B，实测为0.75V（与虚接电阻有关，电阻越大，电压越低）。实测结果异常，可能原因为：

1）J329继电器自身故障。

2）J329继电器触点供电电路故障。

3）J329继电器电磁线圈控制电路（包含正极和负极）故障。

第三步：测试J329的电源和控制信号

打开点火开关，用万用表测量J329继电器的3#、2#、1#的搭铁电压。在正常情况下：3#端子的搭铁电压应为+B，2#端子的搭铁电压始终为搭铁电压，1#端子的搭铁电压从点火开关打开前的0到打开后的+B。实测1#端子电压正常，3#端子电压始终为0.75V，属于异常，可能原因为：

1）J329继电器与SB30之间的电路故障。

2）SB30自身故障。

3）SB30电源电路故障。

第四步：SB30两端搭铁电压的测量（可以分开也可以合并）

打开点火开关，用汽车专用万用表测量SB30两端搭铁电压。在正常情况下，SB30两端搭铁电压应为+B。如果两端电压均为+B，则说明故障在SB30与J329的3#之间的电路上；如果SB30一端为+B，而另外一端为0或部分蓄电池电压，则说明故障在SB30自身；如果SB30两端均为0，则说明故障可能在SB30与蓄电池之间的电路上。

实测结果：SB30一端为+B，而另外一端为0.75V，说明熔丝虚接。更换熔丝后，故障排除，运行一段时间，故障未重复出现。

案例 9：SB13 熔丝断路造成发动机无法起动的故障检修

1. 故障现象

打开点火开关，方向盘解锁，EPC 灯不亮。起动发动机，起动机不转。

2. 初步分析

打开点火开关时，方向盘正常解锁，说明防盗系统已经验证通过，EPC 灯不亮，加之起动机不转，可以推断发动机控制单元工作异常（图 1-9）。

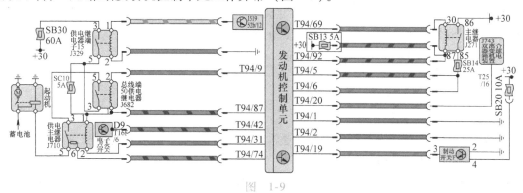

图　1-9

3. 诊断思路

第一步：扫描网关列表，读取故障码

对于具有自诊断功能的系统而言，读取故障码是所有检测工作的第一步。如果有故障码，则应清楚故障码的含义和生成的条件，并基于此展开诊断和故障检修。

实测结果为解码器无法到达 J623，其他控制单元通信正常，且在地址码 53 和地址码 03 中存在发动机控制单元无通信的故障码。利用解码器读取 CAN 总线系统故障，解码器会显示"发动机无法进入"的故障，此时也可用别的方法锁定发动机控制单元无法进入。

因为解码器未报 CAN 总线相关故障，而且解码器能进入其他系统，所以造成发动机无法进入的原因为：

1）发动机控制单元自身故障。

2）发动机控制单元电源电路故障。

3）CAN 总线系统局部故障。

为确定具体故障所在及考虑故障概率的问题，建议先进行电路测试，再考虑更换元件。

由于 J623 的主电流供给 T94/5 和 T94/6 两个端子的电压是受其 T94/69 端子通过控制 J271 继电器的运行来进行控制的，而 T94/69 端子的电压又是在 T94/1 和 T94/2 搭铁正常的情况下受控于 T4/87 的点火开关信号（15#）。因此，根据其中的控制逻辑，这里不支持对所有供电端子电压同时进行测量，而应按控制逻辑的相反顺序进行测量。

第二步：发动机控制单元电源供给检查

打开点火开关，用汽车专用万用表测量 J623 的 T94/5 和 T94/6 的搭铁电压。在正常情况下，两个端子电压应为蓄电池电压。如果为蓄电池电压，则表明供电未见异常，造成发动机控制单元无法进入的故障可能在控制单元自身。而如果 T94/5 和 T94/6 搭铁电压未达到蓄电池电压，即为 0 或部分蓄电池电压，则故障可能在：

1）SB14 与 T94/5/T94/6 之间电路故障。

2）SB14 及其上游电路故障。

实测结果：J623 的 T94/5 和 T94/6 搭铁电压均为 0。

为确定故障具体是 1）或者 2），最好通过测量 SB14 的输入端电压来判定。但因为无法确定 SB14 哪端为输出端，所以需对 SB14 两端搭铁电压同时进行测量。

第三步：SB14 两端搭铁电压的测量

打开点火开关，用汽车专用万用表测量 SB14 两端搭铁电压。在正常情况下，SB14 两端的搭铁电压应为蓄电池电压。如果两端电压均为蓄电池电压，则说明故障在 SB14 与 T94/5 和 T94/6 之间的电路上；如果 SB14 一端为蓄电池电压，而另外一端为 0，则说明故障在 SB14 自身；如果 SB14 两端均为 0 或部分蓄电池电压，则说明故障可能为：

1）SB14 与 J271 的 87# 之间的电路故障。

2）J271 及其相关电路故障。

实测结果：SB14 两端搭铁电压均为 0。

第四步：J271 的输出测试

对继电器的工作情况进行判定，最好通过继电器电流输出端的电压值进行判定。不赞同同时对继电器的所有端子进行测量。

打开点火开关，用汽车专用万用表检测 J271 的 87# 的搭铁电压。在正常情况下，该端子电压应为蓄电池电压。如果实测结果未见异常，则说明故障可能在 SB14 与 J271 的 87# 之间的电路上。如果实测结果为 0 或部分蓄电池电压，则说明 J271 继电器输出异常，可能原因为：

1）J271 自身故障。

2）J271 电源电路故障。

3）J271 控制电路故障。

实测结果：J271 87# 的搭铁电压为 0。

要想判定继电器工作异常时由以上三种原因中的哪个造成，一般通过先测量继电器工作状态时的线圈控制端 86#、开关输入端 30#，再测量线圈供电端 85# 的电压来进行判定，也可以同时对 30#、85#、86# 端子的电压进行检测。

注意：测量继电器最有效的方法是用"T"型线将继电器与继电器分开并连接，第三条线用来测量各连接器在工作状态时的电压。

第五步：检查 J271 的开关电源及控制电路

在打开点火开关时，用汽车专用万用表测量继电器 30#、86# 的搭铁电压。在正常情况下，其标准见表 1-3。

表 1-3

30#搭铁电压	86#搭铁电压
始终为蓄电池电压	蓄电池电压到 0

如果 30# 的搭铁电压始终为 0，则说明 J271 的 30# 与蓄电池正极间电路存在断路故障；如果在打开点火开关时，30# 搭铁电压为蓄电池电压，而在起动时降低过多（例如 9V 以下），则说明 J271 的 30# 与蓄电池正极间电路虚接故障。

如果 J271 的 86# 的搭铁电压始终保持蓄电池电压，则说明 J271 继电器没有接收到发动机控制单元 J623 的控制信号，可能原因：

1）J271 的 86#与 J623 的 T94/69 之间电路断路。

2）J623 未发出继电器控制信号。

如果 J271 的 86#的搭铁电压始终保持 0 或空电压，则说明：

1）J271 自身故障。

2）J271 的 85#未得到蓄电池电压。

如果 J271 的 86#的搭铁电压从蓄电池电压降不到 0，则说明 J271 继电器 86#通过发动机控制单元 J623 到搭铁点之间电路存在虚接，可能原因：

1）J271 的 86#与 J623 的 T94/69 之间电路虚接。

2）J623 内部或搭铁电路故障。

实测结果：J271 的 30#的搭铁电压为蓄电池电压，正常。86#的搭铁电压始终没有检测到蓄电池电压，但可以检测到 0 电压。

第六步：检查 J271 电磁线圈电源电路

在任何情况下，用汽车专用万用表测量 J271 继电器 85#的搭铁电压。在正常情况下，其标准值为蓄电池电压。如果实测 85#的搭铁电压为蓄电池电压，则结合上步实测结果，说明 J271 继电器控制部分损坏，应更换继电器；如果实测结果为 0，则说明 J271 继电器控制线圈没有接收到电源供给，可能原因为：

1）J271 继电器的 85#与 SB13 之间电路断路。

2）SB13 熔丝及其上游电路存在故障。

实测结果：J271 的 85#的搭铁电压为空电压或 0，没有检测到蓄电池电压，异常。

第七步：检查 SB13 熔丝两端电压

在任何情况下，用万用表测试 SB13 两端的搭铁电压。在正常情况下，SB13 两端的搭铁电压应为蓄电池电压。如果两端始终为 0 或未达到蓄电池电压，则说明熔丝的上游电路存在故障；如果两端电压正常，则结合上步实测结果，说明 SB13 到 J271 的 85#端子之间电路断路，应予以检修；如果熔丝的一端为蓄电池电压，而另外一端为 0 或部分蓄电池电压，则说明熔丝损坏。

实测结果：SB13 熔丝的一端为蓄电池电压，而另外一端为 0，说明熔丝断路。更换熔丝后进行试验，故障排除。

案例 10：SB13 熔丝虚接造成发动机无法起动的故障检修

1. 故障现象

打开点火开关，方向盘解锁，EPC 灯不亮。起动发动机，起动机不转。

2. 初步分析（图 1-10）

打开点火开关时，方向盘正常解锁，说明防盗系统已经验证通过，EPC 灯不亮，加之起动机不转，可以推断发动机控制单元工作异常。

3. 诊断思路

第一步：扫描网关列表，读取故障码

对于具有自诊断功能的系统而言，读取故障码是所有检测工作的第一步。如果有故障

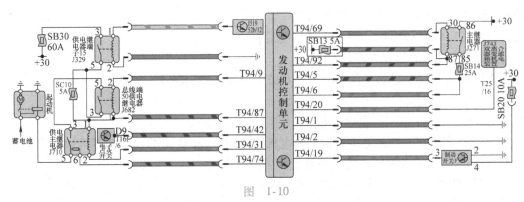

图 1-10

码，则应清楚故障码的含义和生成的条件，并基于此展开诊断和故障检修。

实测结果：解码器无法到达 J623，其他控制单元通信正常，且在地址码 53 和地址码 03 中存在发动机控制单元无通信的故障码。利用解码器读取 CAN 总线系统故障，解码器会显示"发动机无法进入"的故障，此时也可用别的方法锁定发动机控制单元无法进入。

因为解码器未报 CAN 总线相关故障，而且解码器能进入其他系统，所以造成发动机无法进入的原因为：

1）发动机控制单元自身故障。

2）发动机控制单元电源电路故障。

3）CAN 总线系统局部故障。

为确定具体故障所在及考虑故障概率的问题，建议先进行电路测试，再考虑更换元件。

由于 J623 的主电流供给 T94/5 和 T94/6 两个端子的电压是受其 T94/69 端子通过控制 J271 继电器的运行来进行控制的，而 T94/69 端子的电压又是在 T94/1 和 T94/2 搭铁正常的情况下受控于 T4/87 的点火开关信号（15#）。因此，根据其中的控制逻辑，这里不支持对所有供电端子电压同时进行测量，而应按控制逻辑的相反顺序进行测量。

第二步：发动机控制单元电源供给检查

打开点火开关，用汽车专用万用表测量 J623 的 T94/5 和 T94/6 的搭铁电压。正常情况下，两个端子电压应为蓄电池电压。如果为蓄电池电压，则表明供电未见异常，造成发动机控制单元无法进入的故障可能在控制单元自身。而如果 T94/5 和 T94/6 的搭铁电压未达到蓄电池电压，即为 0 或部分蓄电池电压，则故障可能为：

1）SB14 与 T94/5/T94/6 之间的电路故障。

2）SB14 及其上游电路故障。

实测结果：J623 的 T94/5 和 T94/6 搭铁电压均为 0。

为确定故障具体是 1）还是 2），最好通过测量 SB14 的输入端电压来判定。但由于无法确定 SB14 哪端为输出端，需对 SB14 两端的搭铁电压同时进行测量。

第三步：SB14 两端搭铁电压的测量

打开点火开关，用汽车专用万用表测量 SB14 两端的搭铁电压。在正常情况下，SB14 两端的搭铁电压应为蓄电池电压。如果两端电压均为蓄电池电压，则说明故障在 SB14 与 T94/5 和 T94/6 之间的电路上；如果 SB14 一端为蓄电池电压，而另外一端为 0，则说明故障在 SB14 自身；如果 SB14 两端均为 0 或部分蓄电池电压，则说明故障可能为：

1）SB14 与 J271 的 87#之间电路故障。

2）J271 及其相关电路故障。

实测结果：SB14 两端搭铁电压均为 0。

第四步：J271 的输出测试

对继电器的工作情况进行判定，最好通过继电器电流输出端的电压值进行判定。不赞同同时对继电器的所有端子进行测量。

打开点火开关，用汽车专用万用表检测 J271 的 87#的搭铁电压。在正常情况下，该端子电压应为蓄电池电压。如果实测结果未见异常，则说明故障可能在 SB14 与 J271 的 87#之间的电路上。如果实测结果为 0 或部分蓄电池电压，则说明 J271 继电器输出异常，可能原因为：

1）J271 自身故障。

2）J271 电源电路故障。

3）J271 控制电路故障。

实测结果：J271 的 87#的搭铁电压为 0。

要想判定继电器工作异常是由以上三种原因中的哪个造成，一般通过先测量继电器工作状态时的线圈控制端 86#、开关输入端 30#，再测量线圈供电端 85#的电压来进行判定，也可以同时对 30#、85#、86#端子的电压进行检测。

注意：测量继电器最有效的方法是用"T"型线将继电器与继电器分开并连接，第三条线用来测量各连接器在工作状态时的电压。

第五步：检查 J271 的开关电源及控制电路

在打开点火开关时，用汽车专用万用表测量继电器 30#、86#的搭铁电压，在正常情况下，其标准见表 1-4。

表 1-4

30#搭铁电压	86#搭铁电压
始终为蓄电池电压	蓄电池电压到 0

如果 30#搭铁电压始终为 0，则说明 J271 的 30#与蓄电池正极间的电路存在断路故障；如果在打开点火开关时，30#搭铁电压为蓄电池电压，而在起动时降低过多（例如 9V 以下），则说明 J271 30#与蓄电池正极间的电路有虚接故障。

如果 J271 的 86#的搭铁电压始终保持蓄电池电压，则说明 J271 继电器没有接收到发动机控制单元 J623 的控制信号，可能原因：

1）J271 的 86#与 J623 的 T94/69 之间电路断路。

2）J623 未发出继电器控制信号。

如果 J271 的 86#的搭铁电压始终保持 0 或空电压，则说明：

1）J271 自身故障。

2）J271 的 85#未得到蓄电池电压。

如果 J271 的 86#的搭铁电压从蓄电池电压降不到 0，则说明 J271 继电器 86#通过发动机控制单元 J623 到搭铁点之间电路存在虚接，可能原因：

1）J271 的 86#与 J623 的 T94/69 之间电路虚接。

2）J623 内部或搭铁电路故障。

实测结果：J271 的 30#的搭铁电压为蓄电池电压，正常；86#的搭铁电压始终没有检测到蓄电池电压，但可以检测到 0 电压。

第六步：检查 J271 电磁线圈电源电路

在任何情况下，用汽车专用万用表测量 J271 继电器 85#的搭铁电压。在正常情况下，其标准为蓄电池电压。如果实测 85#的搭铁电压为蓄电池电压，则结合上步实测结果，说明 J271 继电器控制部分损坏，应更换继电器；如果实测结果为 0，则说明 J271 继电器控制线圈没有接收到电源供给，可能原因为：

1）J271 继电器的 85#与 SB13 之间电路断路。

2）SB13 熔丝及其上游电路存在故障。

实测结果：J271 的 85#的搭铁电压为 0.89V，没有检测到蓄电池电压，异常。

第七步：检查 SB13 熔丝两端电压

在任何情况下，用万用表测试 SB13 两端的搭铁电压。在正常情况下，SB13 两端的搭铁电压应为蓄电池电压。如果两端始终为 0 或未达到蓄电池电压，则说明熔丝的上游电路存在故障；如果两端电压正常，则结合上步测试结果，说明 SB13 到 J271 的 85#端子之间电路断路，应予以检修；如果熔丝的一端为蓄电池电压，而另外一端为 0 或部分蓄电池电压，则说明熔丝损坏。

实测结果：SB13 熔丝的一端为蓄电池电压，而另外一端为 0.89V（与虚接的电阻有关），说明熔丝虚接，更换熔丝后进行试验，故障排除。

案例 11：J682 触点断路造成发动机无法起动的故障检修

1. 故障现象

打开点火开关，仪表显示无异常。起动发动机，起动机不转，起动机内无触点吸合的声音。

2. 故障分析

故障现象表明起动机内无触点吸合的声音，因此应该围绕此现象进行故障分析，通常有三方面的可能：

1）起动机自身故障。

2）起动机搭铁电路故障。

3）起动机控制电路故障。

3. 诊断思路（图 1-11）

第一步：读取故障码

故障码为 12424：起动机继电器电路电气故障，根据含义只能确定在发动机起动过程中，J623 没有接收到正常的起动系统反馈信号，加上起动机确实不转，说明起动机的 TV1 端子极可能没有收到起动控制信号。因此通过测量 J623 的 T94/74 或 J710 继电器的 6#、5#的搭铁电压，都可以验证故障码的真实性。

第二步：验证故障码的真实性

有两种验证方法。

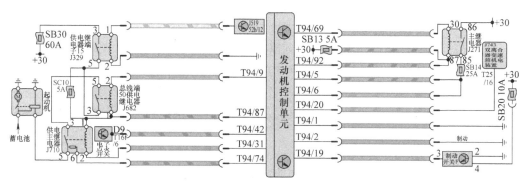

图 1-11

第一种方法：读 170 起动数据组。

1 区：50 请求正常；2 区：50 反馈异常；3 区：J682 接通；4 区：J710 接通。

根据上述数据可以知道，J623 已经接收到了 50 请求信号，并且发出了针对 J682 和 J710 的控制信号，但 50 反馈信号异常，说明故障应该在起动继电器 J710、J682 及其相关电路上，但具体在哪里无法确认。

第二种方法：测量 J623 的 T94/74 或者 J710 继电器的 6#、5# 的搭铁电压。

在正常情况下，J623 的 T94/74 或者 J710 继电器的 6#、5# 是同一电路，测量任何一点搭铁电压都可以验证故障码的真实性。J623 的 T94/74 可以通过适配设备进行测量，因此这里建议从此处着手进行测试。

在起动发动机的过程中，用汽车专用万用表测量 J623 的 T94/74 的搭铁电压，在正常情况下该端子电压应从打开点火开关时的 0 切换到起动状态时的 +B，否则说明系统存在故障。

如果该端子的电压始终维持为 0，则说明 T94/74 通过 J710 的 6#、5#、起动机及其搭铁电路始终搭铁，故障可能在以下两个方面：

1）J710 继电器及其相关电路存在故障。

2）J632 的 T94/74 到 J710 继电器的 6# 之间的电路存在故障。

此时应先排除 2）对应的电路故障，然后再排除 1）对应的电路故障。

如果该端子的电压从一个较低的电压（在非起动状态时，J623 的 T94/74 端子会提供一个较低的基准电压，用于监测继电器的输出）跳跃到 +B，则说明该点与搭铁之间电路断路，故障可能在于：

1）起动机 TV1 端子到 J710 继电器的 5# 之间的电路可能存在故障。

2）起动机及搭铁电路存在故障，应进行电路检修。

如果该端子的电压始终维持那个较低的参考电压，则说明该点既没有通过起动机与搭铁相连，在起动过程中也没有与蓄电池正极相连，可能有三个方面的故障原因：

1）J710 继电器及其相关电路存在故障。

2）起动机到 J710 继电器的 5# 之间的电路存在故障。

3）起动机及搭铁电路存在故障。

实测结果：起动时，J632 的 T94/74 的搭铁电压接近 0。

第三步：测量 J710 继电器的 5#、6#的搭铁电压（如果没有测量 J623 的 T94/74 的搭铁电压，在有必要文字说明的情况下可以直接进行该步测量）

在起动发动机的过程中，用汽车专用万用表测量 J710 的 5#、6#的搭铁电压。在正常情况下该端子电压应从打开点火开关时的 0 切换到起动状态时的 +B，否则说明系统存在故障。

如果该端子电压从 0 跳跃到 +B，则说明起动机到 J710 继电器触点到的 J632 的 T94/74 之间的电路存在故障。

注意：此时起动机应该可以运转，除非还有别的故障。

如果该端子的电压始终维持为 0，则说明可能在 J710 继电器及其相关电路存在故障，具体表现为：

1）J710 继电器自身故障。

2）J710 继电器电源电路故障。

3）J710 继电器控制电路故障。

如果该端子电压从一个较低的电压（在非起动状态时，J623 的 T94/74 端子会提供一个较低的基准电压，用于监测继电器的输出）跳跃到 +B，则说明该点与搭铁之间电路断路，故障可能在于：

1）起动机 TV1 端子到 J710 继电器的 5#之间的电路可能存在故障。

2）起动机及搭铁电路存在故障，应进行电路检修。

如果该端子的电压始终维持那个较低的参考电压，则说明该点既没有通过起动机与搭铁相连，在起动过程中也没有与蓄电池正极相连，可能有三个方面的故障原因：

1）J710 继电器及其相关电路存在故障。

2）起动机到 J710 继电器的 5#之间的电路存在故障。

3）起动机及搭铁电路存在故障。

实测结果：J710 继电器的 5#、6#的搭铁电压均为 0。

第四步：J710 继电器供电及控制信号端子电压的测试

在起动发动机的过程中，用汽车专用万用表测量 J710 继电器的 2#、3#的端子电压。在通常情况下，两个端子的电压应满足以下特性（表 1-5）：

表 1-5

2#端子电压	3#端子电压
+B（key on）到 0（key run）	空载电压（key on）到 +B（key run）

如果打开点火开关时，2#端子的电压为 +B，而起动发动机时切换为 0，此时如果 3#的电压为 +B，（结合上步实测结果），则说明继电器损坏（很难确定具体故障是线圈还是触点，需进行单件测试），应更换继电器；而如果 3#电压为空载电压，则说明 J710 继电器供电异常，可能原因：

1）继电器 J710 的 3#与继电器 J682 的 5#之间的电路存在故障。

2）J682 继电器自身故障。

3）J682 继电器电源电路故障。

4）J682 继电器控制电路故障。

如果 2#端子搭铁电压始终维持在蓄电池电压，则说明 J710 继电器没有接收到 J623 的控制信号，可能原因为：

1）J710 的 2#与 J623 的 T94/31 之间电路故障。

2）J623 自身及电源电路故障。

3）J623 未接收到相关工况信息。

如果 2#端子搭铁电压始终检测不到蓄电池电压，则说明继电器控制线圈及其相关电路存在故障，应予以修理。

实测结果：2#端子电压从打开点火开关时的+B 切换到起动时的 0，属于正常；而 3#端子电压在起动过程中为 0，属于异常。

第五步：J682 继电器电压输出测试

在起动发动机的过程中，用汽车专用万用表测量 J682 继电器的 5#端子的电压特性。在正常情况下，该端子电压应从打开点火开关时的 0 切换到起动状态时的+B，否则说明系统存在一定的故障。

如果该端子电压从空载电压跳跃到+B，则说明继电器 J682 的 5#与继电器 J710 的 3#之间的电路存在故障，应进行电路检修。

如果该端子的电压始终为空载电压或 0 电压，则说明 J682 继电器及其相关电路存在故障，具体表现为：

1）J682 继电器自身故障。

2）J682 继电器电源电路故障。

3）J682 继电器控制电路故障。

实测结果：在发动机起动过程中，该端子电压为 0。

第六步：J682 继电器供电及控制信号端子电压的测试

在起动发动机的过程中，用汽车专用万用表测量 J682 继电器的 2#、3#的端子电压。在正常情况下，两个端子的电压应符合表 1-6 中的数值：

表 1-6

2#端子电压	3#端子电压
+B（打开点火开关时）到 0（起动时）	0（打开点火开关时）到+B（起动时）

如果打开点火开关时，2#端子的电压为+B，而起动发动机时切换为 0，且 3#电压为+B，（结合上步实测结果），则说明继电器损坏（无法确定具体故障部位），应更换继电器。

如果打开点火开关时，2#端子的电压为+B，而起动发动机时切换为 0，且 3#电压为空载电压，则说明 J682 继电器供电异常，应检查相关电路。

如果打开点火开关时，2#端子的电压为+B，而起动发动机时 2#端子的电压还保持不变，则说明 J682 继电器没有接收到控制信号，可能原因：

1）继电器 J682 2#与 J623 T94/9 之间的电路存在故障。

2）J623 发动机控制单元自身。

如果 2#端子搭铁电压始终检测不到蓄电池电压，则说明继电器控制线圈及其相关电路存在故障，应予以修理。

实测结果：2#电压正常，3#电压为+B，说明继电器 J682 可能损坏。具体损坏部位不好确定，只能通过继电器单件测试进行。

第七步：J682 继电器单件测试（也可以通过测量继电器的 1#端子的电压来确定故障）

如果进行 J682 继电器单件测试，则要求严格按照以下步骤进行：

1）测量继电器的 1#和 2#之间的电阻，正常值为 60 ~ 200Ω，实测结果正常。

注意：只有在电阻正常的情况下才能通电测试。

2）2#接蓄电池负极，然后 1#接蓄电池正极，用万用表测量 3#和 5#端子之间的电阻，应从无穷大切换到导通。

实测结果：触点无法闭合。更换继电器后，起动发动机，起动机可以旋转，故障排除。

注意：第七步如果进行的是继电器单件测试，则可以说明继电器具体故障，即可以确定是线圈故障还是触点故障。而如果是测量继电器的 2#端子的电压，就无法确定故障部位。这里赞同第一种方法。

案例 12：起动机控制信号 T1V 连接器虚接造成发动机无法起动的故障检修

注意：在原来的连接器内的导线和弹片之间串联一定阻值的电阻，要求选手更换或修复连接器。

1. 故障现象

打开点火开关，仪表显示无异常，起动发动机，起动机不转，起动机内无触点吸合的声音。

2. 故障分析（图 1-12）

故障现象表明起动机内触点没有吸合，因此应该围绕此进行故障分析，通常有三种可能：

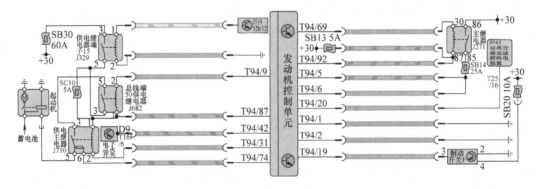

图 1-12

1）起动机自身故障。

2）起动机搭铁电路故障。

3）起动机控制电路故障。

3. 诊断思路

第一步：读取故障码

故障码为 12372：故障的含义为起动机不能转动、机械卡死或电路电气故障。该故障码是在发动机控制单元接收到正常的反馈信号而发动机没有转动的情况下形成的故障码，可能的故障原因为：

1）起动机自身故障。

2）起动机搭铁及电源（正极）电路故障。

3）继电器 J710 的触点与起动机 TV1 之间的电路故障。

第二步：验证故障码的真实性

有两种验证方法。

第一种方法：读 170 起动数据组。

1 区：50 请求正常；2 区：50 反馈正常；3 区：J682 接通；4 区：J710 接通。

根据上述数据可以知道，J623 已经接收到了 50 请求信号，并且发出了针对 J682 和 J710 的控制信号，50 反馈信号也正常，说明故障应该在继电器、起动机及其相关电路上。

第二种方法：测量 J623 的 T94/74 或者 J710 继电器的 6#、5# 的搭铁电压。

在正常情况下，J623 的 T94/74 或者 J710 继电器的 6#、5# 在同一电路上，测量任何一点搭铁电压都可以验证故障码的真实性。J623 的 T94/74 可以通过适配设备进行测量，因此这里建议从此处着手进行测试。

在起动发动机的过程中，用汽车专用万用表测量 J623 的 T94/74 的搭铁电压。在正常情况下该端子电压应从打开点火开关时的 0 切换到起动状态时的 +B，否则说明系统存在故障。

如果该端子的电压始终维持为 0，则说明 T94/74 通过 J710 的 6#、5#、起动机及其搭铁电路始终搭铁，故障可能在以下两个方面：

1）J710 继电器及其相关电路存在故障。

2）J632 的 T94/74 到 J710 继电器的 6# 之间的电路存在故障。

此时应先排除 2）对应的电路故障，然后再排除 1）对应的电路故障。

如果该端子电压从一个较低的电压（在非起动状态时，J623 的 T94/74 端子会提供一个较低的基准电压，用于监测继电器的输出）跳跃到 +B，则说明该点与搭铁之间电路断路，故障可能在于：

1）起动机 TV1 端子到 J710 继电器的 5# 之间的电路可能存在故障。

2）起动机及搭铁电路存在故障，应进行电路检修。

如果该端子的电压始终维持那个较低的参考电压，则说明该点既没有通过起动机与搭铁相连，在起动过程中也没有与蓄电池正极相连，可能有三个方面的故障原因：

1）J710 继电器及其相关电路存在故障。

2）起动机到 J710 继电器的 5# 之间的电路存在故障。

3）起动机及搭铁电路存在故障。

实测结果：J632 的 T94/74 的搭铁电压正常。

第三步：测量起动机的 T1V 端子搭铁电压

在起动发动机的过程中，用汽车专用万用表测量起动机上的 T1V 端子的搭铁电压。

注意：一定要测量起动机上的接线端子，而不是线束上的接线端子，可以用跨接线辅助进行测量，也可以用背插或无损探针进行测量。在正常情况下该端子电压应从打开点火开关时的 0 切换到起动状态时的 +B，否则说明系统存在故障。

如果该端子的电压始终维持 0，则可能有两个方面的故障原因：

1）起动机的 T1V 端子到 J710 继电器的 5# 之间的电路存在断路故障。

2）J710 继电器及其相关电路存在故障。

此时应先排除 1）对应的电路故障，然后再排除 2）对应的电路故障。

如果该端子电压从打开点火开关时的 0 切换到起动状态时的 X（$0 \sim 3V$ 之间的电压值，该数值与虚接电阻有关），而起动机不转动，则可能有以下几个方面的故障原因：

1）起动机的 T1V 端子到 J710 继电器的 5# 之间的电路存在虚接故障。

2）J710 继电器及其相关电路存在故障。

如果该端子电压正常，而起动机不转动，则可能有以下三个方面的故障原因：

1）起动机自身故障。

2）起动机正极电源电路故障。

3）起动机搭铁电源电路故障。

实测结果：该端子电压从打开点火开关时的 0 切换到起动状态时的 1.85V（$0 \sim 3V$ 之间的电压值，该数值与虚接电阻有关）。

J710 继电器触点已经闭合，但起动机没有接收到起动机控制信号，说明 J710 触点和 TV1 之间电路存在故障。通过测量 J710 继电器的 5# 搭铁电压，或线束上的 TV1 端子搭铁电压，都可以确定故障所在。

第四步：测量 J710 继电器的 5# 的搭铁电压

在起动发动机的过程中，用汽车专用万用表测量 J710 的 5# 的搭铁电压。在正常情况下该端子电压应从打开点火开关时的 0 切换到起动状态时的 +B，否则说明系统存在故障。

如果该端子的电压始终维持为 0，则说明 J710 继电器的 5# 与触点之间电路存在故障，应更换继电器。

如果该端子的电压能从打开点火开关时的 0 切换到起动状态时的 +B，则结合上步测试，说明 J710 继电器的 5# 到起动机的 T1V 端子之间的电路存在故障。

实测结果：打开点火开关时的 0 切换到起动状态时的 +B，正常。

第五步：测量线束上的 TV1 端子搭铁电压

在起动发动机的过程中，用汽车专用万用表测量线束上的 TV1 端子的搭铁电压。在正常情况下该端子电压应从打开点火开关时的 0 切换到起动状态时的 +B，否则说明系统存在故障。

如果该端子的电压从打开点火开关时的 0 切换到起动状态时的 +B，则说明 TV1 连接器存在虚接故障，应检修或更换。

实测结果：TV1 端子搭铁电压为从打开点火开关时的 0 切换到起动状态时的 1.85V，说明 J710 的 5# 与 TV1 之间线路存在虚接，检查后发现 TV1 连接器与导线之间存在电阻。检修后排除故障，系统恢复正常。

案例 13：起动机控制信号 T1V 连接器断路造成发动机无法起动的故障检修

注意： 在原来的连接器内的导线和弹片之间制造断路，要求选手更换或修复连接器。

1. 故障现象

打开点火开关，仪表显示无异常，起动发动机，起动机不转，起动机内无触点吸合的声音。

2. 故障分析（图 1-13）

故障现象表明起动机内触点没有吸合，因此应该围绕此进行故障分析，通常有三方面的可能：

1）起动机自身故障。

2）起动机搭铁电路故障。

3）起动机控制电路故障。

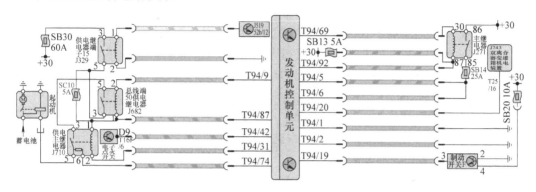

图 1-13

3. 诊断思路

第一步：读取故障码

故障码为 12372，故障的含义为起动机不能转动、机械卡死或电路电气故障。该故障码是在发动机控制单元接收到正常的反馈信号而发动机没有转动的情况下形成的故障码，可能的故障原因有：

1）起动机自身故障。

2）起动机搭铁及电源（正极）电路故障。

3）继电器 J710 的触点与起动机 TV1 之间的电路故障。

第二步：验证故障码的真实性

有两种验证方法。

第一种方法：读 170 起动数据组。

1 区：50 请求正常；2 区：50 反馈正常；3 区：J682 接通；4 区：J710 接通。

根据上述数据可以知道，J623 已经接收到了 50 请求信号，并且发出了针对 J682 和 J710 的控制信号，反馈信号也正常，说明故障应该在继电器、起动机及其相关电路上。

第二种方法：测量 J623 的 T94/74 或者 J710 继电器的 6#、5# 的搭铁电压。

在正常情况下，J623 的 T94/74 或者 J710 继电器的 6#、5# 在同一电路上，测量任何一点搭铁电压都可以验证故障码的真实性。J623 的 T94/74 可以通过适配设备进行测量，因此这里建议从此处着手进行测试。

在起动发动机的过程中，用汽车专用万用表测量 J623 的 T94/74 的搭铁电压。在正常情况下该端子电压应从打开点火开关时的 0 切换到起动状态时的 +B，否则说明系统存在故障。

如果该端子的电压始终维持为0，则说明T94/74通过J710的6#、5#、起动机及其搭铁电路始终搭铁，故障可能在以下两个方面：

1）J710继电器及其相关电路存在故障。

2）J632的T94/74到J710继电器6#之间的电路存在故障。

此时应先排除2）对应的电路故障，然后再排除1）对应的电路故障。

如果该端子电压从一个较低的电压（在非起动状态时，J623的T94/74端子会提供一个较低的基准电压，用于监测继电器的输出）跳跃到+B，则说明该点与搭铁之间电路断路，故障可能在于：

1）起动机TV1端子到J710继电器的5#之间的电路可能存在故障。

2）起动机及搭铁电路存在故障，应进行电路检修。

如果该端子的电压始终维持那个较低的参考电压，则说明该点既没有通过起动机与搭铁相连，在起动过程中也没有与蓄电池正极相连，可能有三个方面的故障原因：

1）J710继电器及其相关电路存在故障。

2）起动机到J710继电器的5#之间的电路存在故障。

3）起动机及搭铁电路存在故障。

实测结果：J632的T94/74搭铁电压正常。

第三步：测量起动机的T1V端子搭铁电压

在起动发动机的过程中，用汽车专用万用表测量起动机上的T1V端子的搭铁电压。

注意：一定要测量起动机上的接线端子，而不是线束上的接线端子，可以用跨接线辅助进行测量，也可以用背插或无损探针进行测量。在正常情况下，该端子电压应从打开点火开关时的0切换到起动状态时的+B，否则说明系统存在故障。

如果该端子的电压始终维持0，则可能有两个方面的故障原因：

1）起动机T1V端子到J710继电器的5#之间的电路存在断路故障。

2）J710继电器及其相关电路存在故障。

此时应先排除1）对应的电路故障，然后再排除2）对应的电路故障。

如果该端子电压从打开点火开关时的0切换到起动状态时的X（0~3V之间的电压值，该数值与虚接电阻有关），而起动机不转动，则可能有以下几个方面的故障原因：

1）起动机的T1V端子到J710继电器的5#之间的电路存在虚接故障。

2）J710继电器及其相关电路存在故障。

如果该端子电压正常，而起动机不转动，则可能有以下几个方面的故障原因：

1）起动机自身故障。

2）起动机正极电源电路故障。

3）起动机搭铁电源电路故障。

实测结果：该端子电压始终为0。

由于J710继电器触点已经闭合，但起动机没有接收到起动机控制信号，说明J710触点和TV1之间电路存在故障，通过测量J710继电器的5#搭铁电压，或线束上的TV1端子搭铁电压，都可以确定故障所在。

第四步：测量J710继电器的5#的搭铁电压

在起动发动机的过程中，用汽车专用万用表测量J710的5#的搭铁电压。在正常情况下，该端子电压应从打开点火开关时的 0 切换到起动状态时的 + B，否则说明系统存在故障。

如果该端子的电压始终维持为 0，说明 J710 继电器的 5# 与触点之间的电路存在故障，应更换继电器。

如果该端子的电压能从打开点火开关时的 0 切换到起动状态时的 + B，则结合上步测试，说明 J710 继电器的 5# 到起动机的 T1V 端子之间的电路存在故障。

实测结果：打开点火开关时的 0 切换到起动状态时的 + B，正常。

第五步：测量线束上的 TV1 端子搭铁电压

在起动发动机的过程中，用汽车专用万用表测量线束上的 TV1 端子搭铁电压。在正常情况下，该端子电压应从打开点火开关时的 0 切换到起动状态时的 + B，否则说明系统存在故障。

如果该端子的电压从打开点火开关时的 0 切换到起动状态时的 + B，则说明 TV1 连接器存在虚接故障，应检修或更换。

实测结果：TV1 端子搭铁电压为 0，结合上步测量，说明 J710 的 5# 与 TV1 间的电路存在断路，检查后发现 TV1 与线束间断开。检修后排除故障，系统恢复正常。

案例 14：起动机侧电源线连接器断路造成发动机无法起动的故障检修

1. 故障现象

打开点火开关，仪表显示无异常，起动发动机，可以听到起动机内继电器吸合的声音，但起动机不转。

2. 故障分析（图 1-14）

如果技术人员听见触点吸合声，就可以直接去检查起动机的供电；如果没有听见触点吸合声，那下一步可以借助诊断仪，根据故障码的含义排除故障。

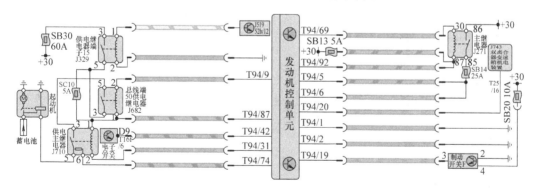

图 1-14

结果能听到起动机内继电器吸合的声音但起动机还是不转，因此应该围绕此进行故障分析，通常有两方面的可能：

1）起动机自身故障。

2）起动机搭铁及电源（正极）电路故障。

3. 诊断思路

第一步：读取故障码

故障码为 12372：起动机不能转动、机械卡死或电气故障。

该故障码是在 50R 反馈正常、起动机没有转动（通过发动机转速信号监控）的情况下产生的。造成起动机不转的可能原因：

1）起动机自身故障。

2）起动机供电故障（正极）。

第二步：检查起动机供电

在发动机起动过程中，用万用表测量起动机上的供电和搭铁中心接线柱的搭铁电压。在正常情况下，供电电压为 +B。实测结果供电电压为 0（异常），说明起动机供电电路存在断路，可能原因为起动机电源线或连接点（卡子）断路。

第三步：检查起动机电源线搭铁电压

在起动发动机的过程中，用汽车专用万用表测量起动机电源线任何一点的搭铁电压。在正常情况下，该电压应大于 10V。

如果测试值为 0，则说明该测试点到蓄电池之间电源线断路；如果测试值降低到 10V 以下，则说明蓄电池可能馈电或该点到蓄电池之间电源线虚接；如果测试值相当于蓄电池开路电压，则说明该点到起动机之间的电路断路。

实测结果：起动机侧的电源线卡子的搭铁电压为蓄电池电压。这说明该卡子连接存在问题，检修后故障恢复正常。

注意：拆卸蓄电池起动电源时一定要先拆卸蓄电池负极接线，否则可能会造成短路火灾。

案例 15：起动机搭铁电路断路造成发动机无法起动的故障检修

1. 故障现象

打开点火开关，仪表显示无异常，起动发动机，起动机不转，起动机内无触点吸合的声音。

2. 故障分析

故障现象表明起动机触点没有吸合，因此应该围绕此进行故障分析，通常有三方面的可能：

1）起动机自身故障。

2）起动机搭铁及电源（正极）电路故障。

3）起动机控制电路故障。

3. 诊断思路（图 1-15）

第一步：读取故障码

故障码为 12370：故障的含义为"起动机起动，端子 50 返回信息对正极短路"。该故障码是在非起动状态时发动机控制单元接收到 8.5V 的电压（在正常情况下为 0）、而在起动时接收到蓄电池电压的情况下形成的故障码。

第二步：测量 623 的 T94/74（或者 J710 的 6#、5#）端子的搭铁电压，验证故障码的真实性

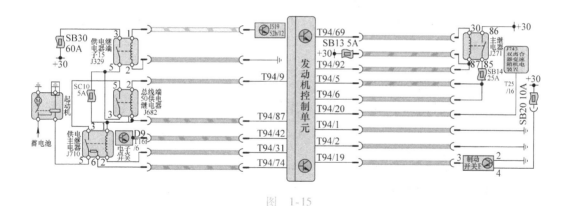

图 1-15

在起动发动机的过程中，用汽车专用万用表测量 J623 的 T94/74 的搭铁电压。在正常情况下该端子电压应从打开点火开关时的 0 切换到起动状态时的 + B，否则说明系统存在故障。

如果该端子的电压始终维持为 0，则说明 T94/74 通过 J710 的 6#、5#、起动机及其搭铁电路始终搭铁，故障可能在以下两个方面：

1）J710 继电器及其相关电路存在故障。

2）J632 的 T94/74 到 J710 继电器的 6# 之间的电路存在故障。

此时应先排除 2）对应的电路故障，然后再排除 1）对应的电路故障。

如果该端子电压从一个较低的电压（在非起动状态时，J623 的 T94/74 端子会提供一个较低的基准电压，约 8.5V，用于监测继电器的输出）跳跃到 + B，说明：

1）起动机 TV1 到 J710 继电器的 5# 之间的电路可能存在故障。

2）起动机及搭铁电路存在故障，应进行电路检修。

如果该端子的电压始终维持那个较低的参考电压（约 8.5V），则可能有两个方面的故障原因：

1）J710 继电器及其相关电路存在故障。

2）起动机到 J710 继电器的 5# 之间的电路存在故障。

3）起动机及搭铁电路存在故障。

实测结果：J632 的 T94/74 的搭铁电压从打开点火开关时的 8.5V 切换到起动状态时的 + B，符合故障码的生成条件。

第三步：测量起动机的 T1V 端子的搭铁电压

注意：结合故障分析，可以从 J710 的 5# 端子进行诊断，也可以从起动机的搭铁接线柱开始。这里选择从后者着手进行测量。

在起动发动机的过程中，用汽车专用万用表测量起动机的 T1V 端子的搭铁电压。

注意：可以用跨接线辅助进行测量，也可以用背插或无损探针进行测量。在正常情况下该端子电压应从打开点火开关时的 0 切换到起动状态时的 + B，否则说明系统存在故障。

如果该端子的电压始终维持 0，则可能有两个方面的故障原因：

1）起动机的 T1V 端子到 J710 继电器的 5# 之间的电路存在故障。

2）J710 继电器局部存在故障。

此时应先排除 1）对应的电路故障，然后再排除 2）对应的电路故障。

如果该端子电压也是从打开点火开关时的 8.5V 切换到起动状态时的 +B，则可能有以下几个方面的故障原因：

1）起动机自身故障。

2）起动机搭铁电源电路故障。

实测结果：起动机的 T1V 端子的搭铁电压从打开点火开关时的 8.5V 切换到起动状态时的 +B。

第四步：检查起动机搭铁是否正常

在起动发动机的过程中，用汽车专用万用表测量起动机的搭铁端子（接线柱）的搭铁电压。在正常情况下，搭铁端子搭铁电压应不大于 0.1V。

如果搭铁端子搭铁电压从打开点火开关时的 8.5V 切换到起动状态时的 +B，则说明起动机搭铁电路断路；如果搭铁端子搭铁电压为 0，则说明起动机内部损坏，应更换起动机。

实测结果：起动机的搭铁端子（接线柱）搭铁电压从打开点火开关时的 8.5V 切换到起动状态时的 +B，说明起动机搭铁电路存在断路故障。

第五步：检查起动机搭铁电路

在起动发动机的过程中，用汽车专用万用表测量起动机搭铁线任何一点的搭铁电压。在正常情况下，搭铁线上任何一点的搭铁电压应不大于 0.1V。

如果搭铁端子的搭铁电压在起动时为蓄电池电压或部分蓄电池电压，则说明该点与车身搭铁之间断路或虚接。

实测结果：起动机搭铁端子（卡子）的搭铁电压从打开点火开关时的 8.5V 切换到起动状态时的 +B，说明起动机搭铁线搭铁不良。检查线束搭铁点，发现连接有误，正确连接后故障排除。

案例16：蓄电池侧电源线连接器断路故障造成发动机无法起动的故障检修

1. 故障现象

打开点火开关，仪表显示无异常，起动发动机，可以听到起动机内继电器吸合的声音，但起动机不转。

2. 故障分析

如果技术人员听见触点吸合声，则可以直接去检查起动机的供电；如果没有听见触点吸合声，则下一步可以借助诊断仪，根据故障码的含义排除故障。

故障现象表明起动机内有触点吸合声，但起动机不转，因此应该围绕此进行故障分析，通常有两方面的可能：

1）起动机自身故障。

2）起动机电源（正极）电路故障。

3. 诊断思路（图 1-16）

第一步：读取故障码

故障码 12372：起动机不能转动、机械卡死或电气故障。

该故障码是在 50R 反馈正常、起动机没有转动（通过发动机转速信号监控）的情况下产生的。造成起动机不转的可能原因：

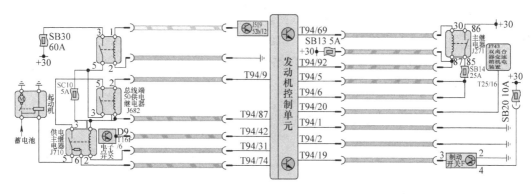

图 1-16

1）起动机自身故障。

2）起动机供电故障（正极）。

第二步：检查起动机供电

在发动机起动过程中，用万用表测量起动机上供电中心接线柱的搭铁电压。在正常情况下，供电电压为 +B。实测结果供电电压为 0（异常），说明起动机供电电路存在断路，可能原因为起动机电源线或连接点（卡子）断路。

第三步：检查起动机电源线搭铁电压

在起动发动机的过程中，用汽车专用万用表测量起动机电源线任何一点搭铁电压。在正常情况下，该电压应大于 10V。

如果测试值为 0，则说明该测试点到蓄电池之间的电源线断路；如果测试值降低到 10V 以下，则说明蓄电池可能馈电或该点到蓄电池之间的电源线虚接；如果测试值相当于蓄电池开路电压，则说明该点到起动机之间的电源线断路。

实测结果：起动机侧的电源线的卡子搭铁电压为蓄电池电压，而卡子附近的搭铁电压为 0。说明该卡子连接存在问题，检修后故障恢复正常。

注意：拆卸蓄电池大线时一定要先拆卸蓄电池负极接线，否则可能会造成短路火灾。

案例 17：J682 电磁线圈断路（并联电阻完好）造成发动机无法起动的故障检修

1. 故障现象

打开点火开关，仪表显示无异常。起动发动机，起动机不转，起动机内无触点吸合的声音。

2. 故障分析

故障现象表明起动机内继电器未工作，因此应该围绕此进行故障分析，通常有三方面的可能：

1）起动机自身故障。

2）起动机搭铁及电源（正极）电路故障。

3）起动机控制电路故障。

3. 诊断思路（图 1-17）

第一步：读取故障码

故障码 12424：起动机继电器电路电气故障。根据含义只能确定在发动机起动过程中，J623 没有接收到正常的起动系统反馈信号，加上起动机确实不转，说明起动机的 TV1 端子也极可能没有收到起动控制信号。因此通过测量 J623 的 T94/74 或 J710 继电器的 6#、5#的搭铁电压，就可以验证故障码的真实性。

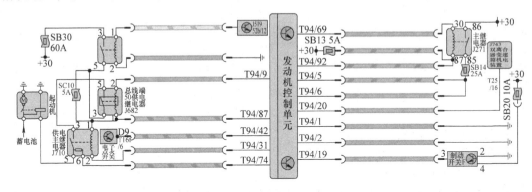

图 1-17

第二步：验证故障码的真实性

有两种验证方法。

第一种方法：读 170 起动数据组

1 区：50 请求正常；2 区：50 反馈异常；3 区：J682 接通；4 区：J710 接通。

根据上述数据可以知道，J623 已经接收到了 50 请求信号，并且发出了针对 J682 和 J710 的控制信号，但 50 反馈信号异常，说明故障应该在起动继电器 J710、J682 及其相关电路上，但具体哪里无法确认。

第二种方法：测量 J623 的 T94/74 或者 J710 继电器的 6#、5#的搭铁电压

在正常情况下，J623 的 T94/74 或者 J710 继电器的 6#、5#在同一电路上，测量任何一点的搭铁电压都可以验证故障码的真实性。J623 的 T94/74 可以通过适配设备进行测量，因此这里建议从此着手进行测试。

在起动发动机的过程中，用汽车专用万用表测量 J623 的 T94/74 的搭铁电压。在正常情况下该端子电压应从打开点火开关时的 0 切换到起动状态时的 +B，否则说明系统存在故障。

如果该端子的电压始终维持为 0，则说明 T94/74 通过 J710 的 6#、5#、起动机及其搭铁电路始终搭铁，故障可能在以下两个方面：

1）J710 继电器及其相关电路存在故障。

2）J632 的 T94/74 到 J710 继电器的 6#之间的电路存在故障。

此时应先排除 2）对应的电路故障，然后再排除 1）对应的电路故障。

如果该端子电压从一个较低的电压（在非起动状态时，J623 的 T94/74 端子会提供一个较低的基准电压，用于监测继电器的输出）跳跃到 +B，则说明该点与搭铁之间电路断路，故障可能在于：

1）起动机 TV1 端子到 J710 继电器的 5#之间的电路可能存在故障。

2）起动机及搭铁电路存在故障，应进行电路检修。

如果该端子的电压始终维持那个较低的参考电压，则说明该点既没有通过起动机与搭铁相连，在起动过程中也没有与蓄电池正极相连，可能有三个方面的故障原因：

1）J710 继电器及其相关电路存在故障。

2）起动机到 J710 继电器的 5#之间的电路存在故障。

3）起动机及搭铁电路存在故障。

实测结果：起动时，J632 的 T94/74 搭铁电压接近 0。

第三步：测量 J710 继电器的 5#、6#的搭铁电压（如果没有测量 J623 的 T94/74 的搭铁电压，则在有必要文字说明的情况下可以直接进行该步测量）

在起动发动机的过程中，用汽车专用万用表测量 J710 的 5#、6#的搭铁电压。在正常情况下，该端子电压应从打开点火开关时的 0 切换到起动状态时的 +B，否则说明系统存在故障。

如果该端子电压从 0 跳跃到 +B，说明起动机到 J710 继电器触点到 J632 的 T94/74 之间的电路存在故障。

注意：此时起动机应该可以运转，除非还有别的故障。

如果该端子的电压始终维持为 0，则说明可能在 J710 继电器及其相关电路存在故障，具体表现为：

1）J710 继电器自身故障。

2）J710 继电器电源电路故障。

3）J710 继电器控制电路故障。

如果该端子电压从一个较低的电压（在非起动状态时，J623 的 T94/74 端子会提供一个较低的基准电压，用于监测继电器的输出）跳跃到 +B，则说明该点与搭铁之间电路断路，故障可能在于：

1）起动机 TV1 端子到 J710 继电器的 5#之间的电路可能存在故障。

2）起动机及搭铁电路存在故障，应进行电路检修。

如果该端子的电压始终维持那个较低的参考电压，则说明该点既没有通过起动机与搭铁相连，在起动过程中也没有与蓄电池正极相连，可能有三个方面的故障原因：

1）J710 继电器及其相关电路存在故障。

2）起动机到 J710 继电器的 5#之间的电路存在故障。

3）起动机及搭铁电路存在故障。

实测结果：J710 继电器的 5#、6#的搭铁电压均为 0。

第四步：J710 继电器供电及控制信号端子电压的测试

在起动发动机的过程中，用汽车专用万用表测量 J710 继电器的 1#、2#、3#的端子电压。在通常情况下，1#端子的电压应为蓄电池电压，2#端子的电压应从打开点火开关时的蓄电池电压切换到发动机起动后的 0，3#端子的电压应从打开点火开关时的空载电压切换到发动机起动后的蓄电池电压。

如果 1#电压异常，则应检查 SC10 熔丝及相关电路；打开点火开关时，2#端子的电压为 +B，而起动发动机时切换为 0，此时如果 3#电压为 +B，（结合上步实测结果），则说明继电器损坏（很难确定具体故障是线圈还是触点，需进行单件测试），应更换继电器；而如果 3#电压为空载电压，则说明 J710 继电器供电异常，可能原因：

1）继电器 J710 的 3#与继电器 J682 的 5#之间的电路存在故障。

2）J682 继电器自身故障。

3）J682 继电器电源电路故障。

4）J682 继电器控制电路故障。

如果 2#端子的搭铁电压始终维持在蓄电池电压，则说明 J710 继电器没有接收到 J623 的控制信号，可能原因为：

1）J710 的 2#与 J623 的 T94/31 之间的电路故障。

2）J623 自身及电源电路故障。

3）J623 未接收到相关工况信息。

如果 2#端子的搭铁电压始终检测不到蓄电池电压，则说明继电器控制线圈及其相关电路存在故障，应予以修理。

实测结果：2#端子电压从打开点火开关时的 +B 切换到起动时的 0，属于正常；而 3#端子电压在起动过程中为 0，属于异常。

第五步：J682 继电器电压输出测试

在起动发动机的过程中，用汽车专用万用表测量 J682 继电器的 5#端子的电压特性。在正常情况下，该端子电压应从打开点火开关时的 0 切换到起动状态时的 +B，否则说明系统存在一定的故障。

如果该端子电压从空载电压跳跃到 +B，则说明继电器 J682 的 5#与继电器 J710 的 3#之间的电路存在故障，应进行电路检修。

如果该端子的电压始终为空载电压或 0，则说明 J682 继电器及其相关电路存在故障，具体表现为：

1）J682 继电器自身故障。

2）J682 继电器电源电路故障。

3）J682 继电器控制电路故障。

实测结果：在发动机起动过程中，该端子电压为 0。

第六步：J682 继电器供电及控制信号端子电压的测试

在起动发动机的过程中，用汽车专用万用表测量 J682 继电器的 1#、2#、3#的端子电压。通常情况下，1#端子的电压应为蓄电池电压，2#端子的电压应从打开点火开关时的蓄电池电压切换到发动机起动后的 0，3#端子的电压应从打开点火开关时的空载电压切换到发动机起动后的蓄电池电压。

如果 1#电压异常，则应检查 SC10 熔丝及相关电路；打开点火开关时，2#端子的电压为 +B，而起动发动机时 2#端子电压切换为 0，此时如果 3#电压为 +B，（结合上步实测结果），则说明继电器损坏（无法确定具体故障部位），应更换继电器。

打开点火开关时，2#端子的电压为 +B，而起动发动机时 2#端子电压切换为 0，此时如果 3#电压为空载电压，则说明 J682 继电器供电异常，应检查相关电路。

如果打开点火开关时，2#端子的电压为 +B，而起动发动机时 2#端子电压还保持不变，则说明 J682 继电器没有接收到控制信号，可能原因：

1）继电器 J682 的 2#与 J623 的 T94/9 之间的电路存在故障。

2）J623 发动机控制单元自身。

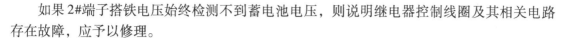

如果2#端子搭铁电压始终检测不到蓄电池电压，则说明继电器控制线圈及其相关电路存在故障，应予以修理。

实测结果：1#、2#、3#的搭铁电压均正常，而继电器没有正常输出，说明继电器J682损坏。具体损坏部位不好确定，只能通过继电器单件测试进行。

第七步：J682继电器单件测试

如果进行J682继电器单件测试，则要求严格按照以下步骤进行：

1）测量继电器1#和2#之间的电阻，正常值为60～200Ω，实测结果正常。

注意：只有在电阻正常的情况下才能通电测试。

2）2#接蓄电池负极，1#接蓄电池正极，然后用万用表测量3#和5#端子之间的电阻，应从无穷大切换到导通。

实测结果：电磁线圈电阻过大。更换继电器后，起动发动机时，起动机可以旋转，故障排除。

案例18：J682触点虚接造成发动机无法起动的故障检修

1. 故障现象

打开点火开关，仪表显示无异常。起动发动机，起动机不转起动机内无触点闭合的声音。

2. 故障分析

故障现象表明起动机触点没有吸合，因此应该围绕此进行故障分析，通常有三方面的可能：

1）起动机自身故障。

2）起动机搭铁及电源（正极）电路故障。

3）起动机控制电路故障。

3. 诊断思路（图1-18）

第一步：读取故障码

故障码12424：起动机继电器电路电气故障。根据含义只能确定在发动机起动过程中，J623没有接收到正常的起动系统反馈信号，加上起动机确实不转，说明起动机的TV1端子也极可能没有收到起动控制信号，因此通过测量J623的T94/74或J710继电器的6#、5#的搭铁电压，就可以验证故障码的真实性。

第二步：验证故障码的真实性

有两种验证方法。

第一种方法：读170起动数据组。

1区：50请求正常；2区：50反馈异常；3区：J682接通；4区：J710接通。

根据上述数据可以知道，J623已经接收到了50请求信号，并且发出了针对J682和J710的控制信号，但50反馈信号异常，说明故障应该在起动继电器J710、J682及其相关电路上，但具体在哪里无法确认。

第二种方法：测量J623的T94/74或者J710继电器的6#、5#的搭铁电压。

在正常情况下，J623的T94/74或者J710继电器的6#、5#在同一电路上，测量任何一

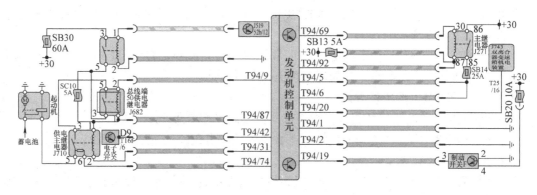

图 1-18

点的搭铁电压都可以验证故障码的真实性。J623 的 T94/74 可以通过适配设备进行测量，因此这里建议从此着手进行测试。

在起动发动机的过程中，用汽车专用万用表测量 J623 的 T94/74 的搭铁电压。在正常情况下该端子电压应从打开点火开关时的 0 切换到起动状态时的 + B，否则说明系统存在故障。

如果该端子的电压始终维持为 0，则说明 T94/74 通过 J710 的 6#、5#、起动机及其搭铁电路始终搭铁，故障可能在以下两个方面：

1）J710 继电器及其相关电路存在故障。

2）J632 的 T94/74 到 J710 继电器的 6# 之间的电路存在故障。

此时应先排除 2）对应的电路故障，然后再排除 1）对应的电路故障。

如果该端子电压从一个较低的电压（在非起动状态时，J623 的 T94/74 端子会提供一个较低的基准电压，用于监测继电器的输出）跳跃到 + B，则说明该点与搭铁之间电路断路，故障可能在于：

1）起动机 TV1 端子到 J710 继电器的 5# 之间的电路可能存在故障。

2）起动机及搭铁电路存在故障，应进行电路检修。

如果该端子的电压始终维持那个较低的参考电压，则说明该点既没有通过起动机与搭铁相连，在起动过程中也没有与蓄电池正极相连，可能有三个方面的故障原因：

1）J710 继电器及其相关电路存在故障。

2）起动机到 J710 继电器的 5# 之间的电路存在故障。

3）起动机及搭铁电路存在故障。

实测结果：起动时，J632 的 T94/74 搭铁电压为 0.89V（与虚接电阻有关）。

第三步：测量 J710 继电器的 5#、6# 的搭铁电压（如果没有测量 J623 的 T94/74 的搭铁电压，在有必要文字说明的情况下可以直接进行该步测量）

在起动发动机的过程中，用汽车专用万用表测量 J710 5#、6# 的搭铁电压。在正常情况下该端子电压应从打开点火开关时的 0 切换到起动状态时的 + B，否则都说明系统存在故障。

如果该端子电压从 0 跳跃到 + B，则说明起动机到 J710 继电器触点到 J632 的 T94/74 之间的电路存在故障。

注意：此时起动机应该可以运转，除非还有别的故障。

如果该端子的电压始终维持为 0，则说明可能在 J710 继电器及其相关电路存在故障，具体表现为：

1）J710 继电器自身故障。

2）J710 继电器电源电路故障。

3）J710 继电器控制电路故障。

如果该端子电压从一个较低的电压（在非起动状态时，J623 的 T94/74 端子会提供一个较低的基准电压，用于监测继电器的输出）跳跃到 + B，则说明该点与搭铁之间电路断路，故障可能在于：

1）起动机 TV1 端子到 J710 继电器的 5# 之间的电路可能存在故障。

2）起动机及搭铁电路存在故障，应进行电路检修。

如果该端子的电压始终维持那个较低的参考电压，则说明该点既没有通过起动机与搭铁相连，在起动过程中也没有与蓄电池正极相连，可能有三个方面的故障原因：

1）J710 继电器及其相关电路存在故障。

2）起动机到 J710 继电器的 5# 之间的电路存在故障。

3）起动机及搭铁电路存在故障。

实测结果：J710 继电器的 5#、6# 的搭铁电压均为 0.89V。

第四步：J710 继电器供电及控制信号端子电压的测试

在起动发动机的过程中，用汽车专用万用表测量 J710 继电器的 1#、2#、3# 的端子电压。在通常情况下，1# 端子的电压应为蓄电池电压，2# 端子的电压应从打开点火开关时的蓄电池电压切换到发动机起动后的 0，3# 端子的电压应从打开点火开关时的空载电压切换到发动机起动后的蓄电池电压。

如果 1# 电压异常，则应检查 SC10 熔丝及相关电路；打开点火开关时，2# 端子的电压为 + B，而起动发动机时切换为 0，此时如果 3# 电压为 + B，（结合上步实测结果），则说明继电器损坏（很难确定具体故障是线圈还是触点，需进行单件测试），应更换继电器；而如果 3# 电压为空载电压，则说明 J710 继电器供电异常，可能原因：

1）继电器 J710 的 3# 与继电器 J682 的 5# 之间的电路存在故障。

2）J682 继电器自身故障。

3）J682 继电器电源电路故障。

4）J682 继电器控制电路故障。

如果 2# 端子的搭铁电压始终维持在蓄电池电压，则说明 J710 继电器没有接收到 J623 的控制信号，可能原因为：

1）J710 的 2# 与 J623 的 T94/31 之间的电路故障。

2）J623 自身及电源电路故障。

3）J623 未接收到相关工况信息。

如果 2# 端子搭铁电压始终检测不到蓄电池电压，则说明继电器控制线圈及其相关电路存在故障，应予以修理。

实测结果：2# 端子电压从打开点火开关时的 + B 切换到起动时的 0，属于正常；而 3# 端子电压在起动过程中为 0.89V，属于异常。

第五步：J682 继电器电压输出测试

在起动发动机的过程中，用汽车专用万用表测量 J682 继电器的 5#端子的电压特性。在正常情况下，该端子电压应从打开点火开关时的 0 切换到起动状态时的 +B，否则说明系统存在一定的故障。

如果该端子电压从空载电压跳跃到 +B，说明继电器 J682 的 5#与继电器 J710 的 3#之间的电路存在故障，应进行电路检修。

如果该端子的电压始终为空载电压或 0，则说明 J682 继电器及其相关电路存在故障，具体表现为：

1）J682 继电器自身故障。

2）J682 继电器电源电路故障。

3）J682 继电器控制电路故障。

实测结果：在发动机起动过程中，该端子电压为 0.89V。

第六步：J682 继电器供电及控制信号端子电压的测试

在起动发动机的过程中，用汽车专用万用表测量 J682 继电器的 1#、2#、3#的端子电压，通常情况下，1#端子的电压应为蓄电池电压，2#端子的电压应从打开点火开关时的蓄电池电压切换到发动机起动后的 0，3#端子的电压应从打开点火开关时的空载电压切换到发动机起动后的蓄电池电压。

如果 1#端子电压异常，则应检查 SC10 熔丝及相关电路；打开点火开关时，2#端子的电压为 +B，而起动发动机时 2#端子的电压切换为 0，此时如果 3#端子的电压为 +B，（结合上步实测结果），则说明继电器损坏（无法确定具体故障部位），应更换继电器。

打开点火开关时，2#端子的电压为 +B，而起动发动机时切换为 0，此时如果 3#端子的电压为空载电压，则说明 J682 继电器供电异常，应检查相关电路。

如果打开点火开关时，2#端子的电压为 +B，而起动发动机时还保持不变，则说明 J682 继电器没有接收到控制信号，可能原因：

1）继电器 J682 的 2#与 J623 的 T94/9 之间的电路存在故障。

2）J623 发动机控制单元自身故障。

如果 2#端子搭铁电压始终检测不到蓄电池电压，则说明继电器控制线圈及其相关电路存在故障，应予以修理。

实测结果：1#、2#电压正常，3#电压为 +B，说明继电器 J682 损坏。具体损坏部位不好确定，只能通过继电器单件测试进行。

第七步：J682 继电器单件测试

如果进行 J682 继电器单件测试，要求严格按照以下步骤进行：

1）测量继电器 1#和 2#之间的电阻，正常值为 60～200Ω，实测结果正常。

注意：只有在电阻正常的情况下才能通电测试。

2）2#接蓄电池负极，1#接蓄电池正极，然后用万用表测量 3#和 5#端子之间的电阻，应从无穷大切换到导通。

实测结果：触点之间电阻为 100Ω，明显过大。更换继电器后，起动发动机时，起动机可以旋转，故障排除。

案例 19：J682 电磁线圈断路（并联电阻同时损坏）造成发动机无法起动的故障检修

1. 故障现象

打开点火开关，仪表显示无异常。起动发动机，起动机不转，起动机内无触点吸合的声音。

2. 故障分析（图 1-19）

故障现象表明起动机内触点没有吸合，因此应该围绕此进行故障分析，通常有三方面的可能：

1）起动机自身故障。

2）起动机搭铁及电源（正极）电路故障。

3）起动机控制电路故障。

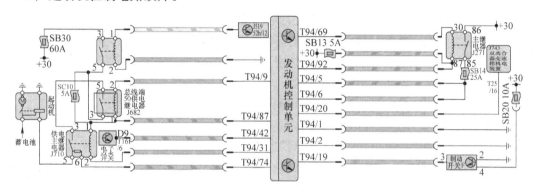

图 1-19

3. 诊断思路

第一步：读取故障码

故障码 12424：起动机继电器电路电气故障，根据含义只能确定在发动机起动过程中，J623 没有接收到正常的起动系统反馈信号，加上起动机确实不转，说明起动机的 TV1 端子也极可能没有收到起动控制信号。因此通过测量 J623 的 T94/74 或 J710 继电器的 6#、5#的搭铁电压，都可以验证故障码的真实性。

第二步：验证故障码的真实性

有两种验证方法。

第一种方法：读 170 起动数据组。

1 区：50 请求正常；2 区：50 反馈异常；3 区：J682 接通；4 区：J710 接通。

根据上述数据可以知道，J623 已经接收到了 50 请求信号，并且发出了针对 J682 和 J710 的控制信号，但 50 反馈信号异常，说明故障应该在起动继电器 J710、J682 及其相关电路上，但具体哪里无法确认。

第二种方法：测量 J623 的 T94/74 或者 J710 继电器的 6#、5#的搭铁电压。

在正常情况下，J623 的 T94/74 或者 J710 继电器的 6#、5#在同一电路上，测量任何一点搭铁电压都可以验证故障码的真实性。J623 的 T94/74 可以通过适配设备进行测量，因此这里建议从此着手进行测试。

在起动发动机的过程中，用汽车专用万用表测量 J623 的 T94/74 的搭铁电压。在正常情况下该端子电压应从打开点火开关时的 0 切换到起动状态时的 + B，否则说明系统存在故障。

如果该端子的电压始终维持为 0，则说明 T94/74 通过 J710 的 6#、5#、起动机及其搭铁电路始终搭铁，故障可能在以下两个方面：

1）J710 继电器及其相关电路存在故障。

2）J632 的 T94/74 到 J710 继电器的 6# 之间的电路存在故障。

此时应先排除 2）对应的电路故障，然后再排除 1）对应的电路故障。

如果该端子电压从一个较低的电压（在非起动状态时，J623 的 T94/74 端子会提供一个较低的基准电压，用于监测继电器的输出）跳跃到 + B，则说明该点与搭铁之间电路断路，故障可能在于：

1）起动机 TV1 端子到 J710 继电器的 5# 之间的电路可能存在故障。

2）起动机及搭铁电路存在故障，应进行电路检修。

如果该端子的电压始终维持那个较低的参考电压，则说明该点既没有通过起动机与搭铁相连，在起动过程中也没有与蓄电池正极相连，可能有三个方面的故障原因：

1）J710 继电器及其相关电路存在故障。

2）起动机到 J710 继电器的 5# 之间的电路存在故障。

3）起动机及搭铁电路存在故障。

实测结果：起动时，J632 的 T94/74 搭铁电压接近 0。

第三步：测量 J710 继电器的 5#、6# 的搭铁电压（如果没有测量 J623 的 T94/74 的搭铁电压，在有必要文字说明的情况下可以直接进行该步测量）

在起动发动机的过程中，用汽车专用万用表测量 J710 的 5#、6# 的搭铁电压。在正常情况下该端子电压应从打开点火开关时的 0 切换到起动状态时的 + B，否则说明系统存在故障。

如果该端子电压从 0 跳跃到 + B，则说明起动机到 J710 继电器触点到 J632 的 T94/74 之间的电路存在故障。

注意：此时起动机应该可以运转，除非还有别的故障。

如果该端子的电压始终维持为 0，则说明可能在 J710 继电器及其相关电路存在故障，具体表现为：

1）J710 继电器自身故障。

2）J710 继电器电源电路故障。

3）J710 继电器控制电路故障。

如果该端子电压从一个较低的电压（在非起动状态时，J623 的 T94/74 端子会提供一个较低的基准电压，用于监测继电器的输出）跳跃到 + B，则说明该点与搭铁之间电路断路，故障可能在于：

1）起动机 TV1 端子到 J710 继电器的 5# 之间的电路可能存在故障。

2）起动机及搭铁电路存在故障，应进行电路检修。

如果该端子的电压始终维持那个较低的参考电压，则说明该点既没有通过起动机与搭铁相连，在起动过程中也没有与蓄电池正极相连，可能有三个方面的故障原因：

1）J710 继电器及其相关电路存在故障。

2）起动机到 J710 继电器的 5#之间的电路存在故障。

3）起动机及搭铁电路存在故障。

实测结果：J710 继电器的 5#、6#的搭铁电压均为 0。

第四步：J710 继电器供电及控制信号端子电压的测试

在起动发动机的过程中，用汽车专用万用表测量 J710 继电器的 1#、2#、3#的端子电压。在通常情况下，1#端子的电压应为蓄电池电压，2#端子的电压应从打开点火开关时的蓄电池电压切换到发动机起动后的 0，3#端子的电压应从打开点火开关时的空载电压切换到发动机起动后的蓄电池电压。

如果 1#端子的电压异常，则应检查 SC10 熔丝及相关电路；打开点火开关时，2#端子的电压为 + B，而起动发动机时切换为 0，此时如果 3#电压为 + B，（结合上步实测结果），则说明继电器损坏（很难确定具体故障是线圈还是触点，需进行单件测试），应更换继电器；而如果 3#端子的电压为空载电压，则说明 J710 继电器供电异常，可能原因：

1）继电器 J710 的 3#与继电器 J682 的 5#之间的电路存在故障。

2）J682 继电器自身故障。

3）J682 继电器电源电路故障。

4）J682 继电器控制电路故障。

如果 2#端子的搭铁电压始终维持在蓄电池电压，则说明 J710 继电器没有接收到 J623 的控制信号，可能原因为：

1）J710 的 2#与 J623 的 T94/31 之间的电路故障。

2）J623 自身及电源电路故障。

3）J623 未接收到相关工况信息。

如果 2#端子的搭铁电压始终检测不到蓄电池电压，则说明继电器控制线圈及其相关电路存在故障，应予以修理。

实测结果：2#端子的电压从打开点火开关时的 + B 切换到起动时的 0，属于正常；而 3#端子的电压在起动过程中为 0，属于异常。

第五步：J682 继电器电压输出测试

在起动发动机的过程中，用汽车专用万用表测量 J682 继电器的 5#端子的电压特性。在正常情况下，该端子电压应从打开点火开关时的 0 切换到起动状态时的 + B，否则说明系统存在一定的故障。

如果该端子电压从空载电压跳跃到 + B，则说明继电器 J682 的 5#与继电器 J710 的 3#之间的电路存在故障，应进行电路检修。

如果该端子的电压始终为空载电压或 0，则说明 J682 继电器及其相关电路存在故障，具体表现为：

1）J682 继电器自身故障。

2）J682 继电器电源电路故障。

3）J682 继电器控制电路故障。

实测结果：在发动机起动过程中，该端子电压为 0。

第六步：J682 继电器供电及控制信号端子电压的测试

在起动发动机的过程中，用汽车专用万用表测量 J682 继电器 1#、2#、3#的端子电压。在通常情况下，1#端子的电压应为蓄电池电压，2#端子的电压应从打开点火开关时的蓄电池电压切换到发动机起动后的 0，3#端子的电压应从打开点火开关时的空载电压切换到发动机起动后的蓄电池电压。

如果 1#端子的电压异常，则应检查 SC10 熔丝及相关电路；打开点火开关时，2#端子的电压为 +B，而起动发动机时切换为 0，此时如果 3#端子的电压为 +B，（结合上步实测结果），则说明继电器损坏（无法确定具体故障部位），应更换继电器。

打开点火开关时，2#端子的电压为 +B，而起动发动机时切换为 0，此时如果 3#端子的电压为空载电压，则说明 J682 继电器供电异常，应检查相关电路。

如果打开点火开关时，2#端子的电压为 +B，而起动发动机时 2#端子的电压还保持不变，则说明 J682 继电器没有接收到控制信号，可能原因：

1) 继电器 J682 的 2#与 J623 的 T94/9 之间的电路存在故障。

2) J623 发动机控制单元自身故障。

如果 2#端子的搭铁电压始终检测不到蓄电池电压，则说明继电器控制线圈及其相关电路存在故障，应予以修理。

实测结果：1#、3#的搭铁电压正常，2#的搭铁电压在打开点火开关时没有检测到蓄电池电压，说明继电器 J682 电磁线圈损坏或其供电异常。

第七步：J682 继电器单件测试

如果进行 J682 继电器单件测试，则要求严格按照以下步骤进行：

1) 测量继电器 1#和 2#之间的电阻，正常值为 60 ~ 200Ω，实测结果正常。

注意：只有在电阻正常的情况下才能通电测试。

2) 2#接蓄电池负极，1#接蓄电池正极，然后用万用表测量 3#和 5#端子之间的电阻，应从无穷大切换到导通。

实测结果：1#与 2#间的电阻为无穷大，说明继电器 J682 电磁线圈及其保护电阻同时损坏。更换继电器后，发动机可正常起动，故障排除。

案例 20：起动机搭铁电路虚接造成发动机无法起动的故障检修

1. 故障现象

打开点火开关，仪表显示无异常，起动发动机，起动机不转，起动机内无触点吸合的声音。

2. 故障分析

故障现象表明起动机内触点没有吸合，因此应该围绕此进行故障分析，通常有三方面的可能：

1) 起动机自身故障。

2) 起动机搭铁及电源（正极）电路故障。

3) 起动机控制电路故障。

3. 诊断思路（图 1-20）

第一步：读取故障码

故障码为 12372：故障的含义为起动机不能转动、机械卡死或电路电气故障。该故障码是在发动机控制单元接收到正常的反馈信号而发动机没有转动的情况下形成的故障码，可能的故障原因有：

1）起动机自身故障。

2）起动机搭铁及电源（正极）电路故障。

3）继电器 J710 触点与起动机 TV1 之间的电路故障。

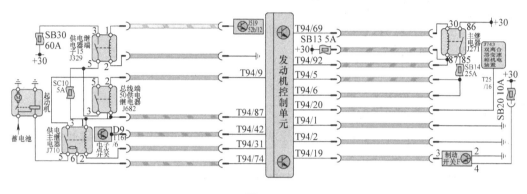

图 1-20

第二步：测量 J623 的 T94/74（或者 J710 的 6#、5#）端子的搭铁电压，验证故障码的真实性

在起动发动机的过程中，用汽车专用万用表测量 J623 的 T94/74 的搭铁电压。在正常情况下，该端子电压应从打开点火开关时的 0 切换到起动状态时的 +B，否则说明系统存在故障。

如果该端子的电压始终维持为 0，说明 T94/74 通过 J710 的 6#、5#、起动机及其搭铁电路始终搭铁，故障可能在以下两个方面：

1）J710 继电器及其相关电路存在故障。

2）J632 T94/74 到 J710 继电器的 6#之间的电路存在故障。

此时应先排除 2）对应的电路故障，然后再排除 1）对应的电路故障。

如果该端子电压从一个较低的电压（在非起动状态时，J623 的 T94/74 端子会提供一个较低的基准电压，约 8.5V，用于监测继电器的输出）跳跃到 +B，则说明：

1）起动机到 J710 继电器的 5#之间的电路可能存在故障。

2）起动机及搭铁电路存在故障，应进行电路检修。

如果该端子的电压始终维持那个较低的参考电压（约 8.5V），则可能有两个方面的故障原因：

1）J710 继电器及其相关电路存在故障。

2）起动机到 J710 继电器的 5#之间的电路存在故障。

3）起动机及搭铁电路存在故障。

实测结果：J632 的 T94/74 的搭铁电压从打开点火开关时的 0.8V（与虚接电阻有关）

切换到起动状态时的 +B。

第三步：测量起动机 50 端（起动机上的端子）

在起动发动机的过程中，用汽车专用万用表测量起动机的 T1V 端子的搭铁电压。

注意：可以用跨接线辅助进行测量，也可以用背插或无损探针进行测量。在正常情况下，该端子电压应从打开点火开关时的 0 切换到起动状态时的 +B，否则说明系统存在故障。

如果该端子的电压始终维持 0，则可能有两个方面的故障原因：

1）起动机的 T1V 端子到 J710 继电器的 5# 之间的电路存在故障。

2）J710 继电器及其相关电路存在故障。

此时应先排除 1）对应的电路故障，然后再排除 2）对应的电路故障。

如果该端子电压从打开点火开关时的 0 切换到起动状态时的 +B，而起动机不转动，则可能有以下几个方面的故障原因：

1）起动机自身故障。

2）起动机正极电源电路故障。

3）起动机搭铁电源电路故障。

实测结果：起动机 T1V 端子的搭铁电压从打开点火开关时的 0.8V 切换到起动状态时的 +B。

第四步：检查起动机供电、搭铁是否正常

在起动发动机的过程中，用汽车专用万用表测量起动机的 30 端子（接线柱）、搭铁端子（接线柱）的搭铁电压。在正常情况下，30 端子的电压应不低于 10V，搭铁端子搭铁电压应不大于 0.1V。

如果起动机的 30 端子（接线柱）的搭铁电压为 0，则说明起动机大线断路；如果搭铁电压降低到 10V 以下，则说明蓄电池可能馈电或者起动机电源线虚接；如果搭铁电压相当于蓄电池开路电压，则说明起动机内部或搭铁断路。

如果搭铁端子搭铁电压在起动时为蓄电池电压，则说明起动机搭铁电路断路；如果搭铁端子的搭铁电压在起动时为 0 到蓄电池电压之间的某个数值，则说明起动机搭铁电路虚接。

实测结果：起动机的搭铁（接线柱）搭铁电压从打开点火开关时的 0.5V 切换到起动状态时的 4.5V（与虚接电阻有关）。

第五步：检查起动机搭铁电路故障

在起动发动机的过程中，用汽车专用万用表测量起动机搭铁线任何一点的搭铁电压。在正常情况下，搭铁线上任何一点的搭铁电压应不大于 0.1V。

如果搭铁端子搭铁电压在起动时为蓄电池电压或部分蓄电池电压，则说明该点与车身搭铁之间断路或虚接。

实测结果：起动机的搭铁端子（卡子）的搭铁电压从打开点火开关时的 0.5V 切换到起动状态时的 4.5V，而搭铁点的电压为 0.1V，说明搭铁电路虚接，检修后故障排除。

竞赛试题二：
发动机起动异常
（起动机运转）的故障检修

建议：教师在引用本案例时，结合迈腾发动机交互式教学系统，在以下电路或元器件上设置单个故障点，仔细验证，安排学生完成工作页的所有内容。

序号	故障部位	故障性质
1	SB10 熔丝	虚接、断路、下游电路搭铁短路
2	SC36 熔丝	断路、虚接、下游电路搭铁短路
3	J538 油泵控制单元	输出负极电路断路故障
4	J538 油泵控制单元	输出正极电路断路故障
5	J538 油泵控制单元	搭铁电路断路故障
6	J538 与 J623 之间电路	断路、虚接
7	SB10 和 SC36	虚接

案例1：点火线圈熔丝 SB10 虚接造成发动机无法起动的故障检修

1. 故障现象

打开点火开关，仪表显示无异常，能听到油泵运转的声音；起动发动机时，起动机运转正常，但无任何着车征兆，也能听到油泵运转的声音。

2. 故障分析（图 2-1）

根据故障现象可知气缸内没有任何混合气燃烧的迹象，可能的原因有点火系统故障、燃油系统故障、控制系统故障、（严重的）机械系统故障。

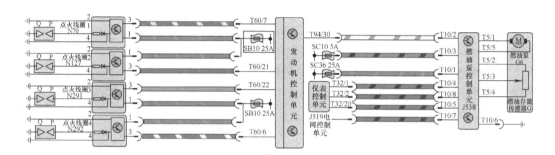

图 2-1

3. 诊断思路

注意：

1）如果故障描述时没有涉及油泵运转的内容，那么就可以结合在打开点火开关和起动发动机的过程中油泵可以运转的事实，说明油泵控制系统基本正常，但不能代表燃油系统压力正常及喷油正常，还是需要结合自诊断功能进行诊断。如果有故障码，则按照故障码的含义进行诊断；如果没有故障码，则可以直接测试尾气，确定故障可能的原因。如果故障描述时没有涉及油泵运转的内容，则可以直接借助自诊断功能进行诊断。这里支持前者的方法进行，因为这种诊断思路利用了原车的某些控制理论，有助于考察选手对车辆的熟知程度。

2）在发现排气管 HC 的含量过低时，说明喷油器没有或有很少量的燃油喷出，故障可能是喷油器没有打开或燃油系统没有油（压）。不过汽油泵已经运转，系统没有压力故障的概率很低，因此可以直接进行喷油器工作测试（脉冲信号），进而发现喷油器没有持续喷油。在分析喷油器没有持续喷油故障的可能原因后，继续检查点火系统可能存在的故障。

第一步：读取故障码

无故障码，只能围绕气缸内没有混合气燃烧进行诊断。在没有严重的机械系统故障的前提下，通常造成混合气不燃烧的主要原因有：

1）点火系统不点火。

2）燃油系统不喷油。

3）电控系统故障。

分析造成混合气不燃烧的原因时，建议最好使用尾气分析仪测量排气歧管的尾气，因为 CO、CO_2 可以反映混合气是否有燃烧，CH 可以反映喷油器是否有燃油喷出。如果排气歧管处无法获取尾气，而是从排气管口处进行测量，就要充分考虑排气管容积变化以及残留尾气对实测结果的影响。

第二步：尾气分析

在起动发动机的过程中，使用尾气分析仪进行尾气分析，排气管能检测到很少量的 HC 含量，而 CO、CO_2 的含量几乎为 0，O_2 的含量和大气几乎相同。这些数据可以确定喷油器至少没有燃油持续喷出，因此首先应检查燃油控制系统。

对燃油系统故障进行诊断，可以从两个方面进行考虑：一是围绕燃油系统的压力展开；二是围绕喷油器的工作展开。两个缺一不可，不过有时需要根据其他工况信息来确定谁的故障概率更大。

第三步：检查燃油系统的压力

对于迈腾燃油喷射系统而言，要想测试燃油系统的压力，有两种方法：一是利用感应式的燃油压力表测试油轨压力（高压）；二是利用解码器的数据流功能来读取。两种方法各有利弊，前者相对真实；后者需要借助原车的油轨压力传感器及发动机控制单元的编译。如果油轨压力传感器及相关电路存在故障，则会影响实测结果。因此，在有外接的燃油压力测试仪的情况下，建议使用。

在起动过程中，用解码器读取油轨压力（106/2）测量值（起动档）：01 区显示 40bar 左右。标准油压为 40bar，说明燃油系统压力正常。

第四步：检查喷油器工作

起动发动机时，用示波器测量喷油器两个端子之间的波形，可以检测到 1~3 个周期的脉冲信号（图2-2），之后就不能再检测到脉冲信号。

如果在发动机起动过程中喷油器不能持续喷油，则说明发动机控制单元切断了燃油喷射，可能原因为：

1）点火系统故障，造成所有火花塞均不点火。

2）发动机控制单元自身故障。

根据故障现象，可知所有火花塞均未点火。根据故障概率，可知故障可能在公共电源或搭铁，加之 SB10 给所有点火单元供电，故障概率较高，方便检测，可以从熔丝性能开始检测。

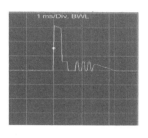

图 2-2

第五步：SB10 供电检查

在起动发动机的过程中，用示波器或专用万用表（带示波功能）测量 SB10 两端（实际是测量所有点火线圈的供电）对搭铁波形，正常情况应为 + B。通过波形（图2-3）可以看出，一端始终为 + B，另外一端在点火线圈工作时电压会降到 4.5V（该数值与虚接电阻大小有关），说明熔丝有虚接故障。

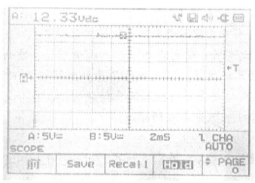
上端实测波形

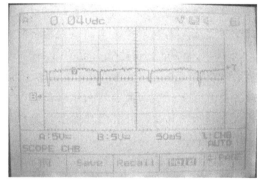
下端实测波形

图 2-3

更换熔丝后故障排除，发动机可正常起动。

注意：很多技术人员不采用示波器测量这种脉冲负载的供电电源，而是采用万用表，那就很难发现熔丝虚接的问题。这就需要继续检查点火线圈搭铁、控制信号，在确认这些均正常后，就怀疑点火单元故障。更换点火模块后故障依然存在，还需要重新检查。

案例2：点火线圈熔丝 SB10 断路造成发动机无法起动的故障检修

1. 故障现象

打开点火开关，仪表显示无异常，能听到油泵运转的声音；起动发动机时，起动机运转正常，但无任何着车征兆，也能听到油泵运转的声音。

2. 故障分析（图2-4）

根据故障现象可知气缸内没有任何混合气燃烧的迹象，可能的原因有点火系统故障、燃油系统故障、控制系统故障和（严重的）机械系统故障。

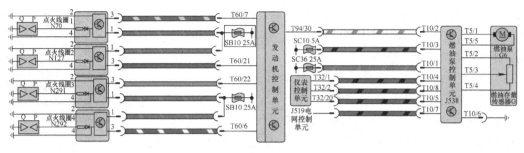

图 2-4

3. 诊断思路

注意：

1）如果故障描述时没有涉及油泵运转的内容，那就可以结合在打开点火开关和起动发动机的过程中油泵可以运转的事实，说明油泵控制系统基本正常，但不能代表燃油系统压力正常及喷油正常，还是需要结合自诊断功能进行诊断。如果有故障码，则按照故障码的含义进行诊断；如果没有故障码，则可以直接测试尾气，确定故障可能原因。如果故障描述时没有涉及油泵运转的内容，则可以直接借助自诊断功能进行诊断。这里建议采用第一种方法，因为这种诊断思路利用了原车的某些控制理论，有助于考察选手对车辆的熟知程度。

2）排气管 HC 含量过低，说明喷油器没有或有很少量的燃油喷出，故障可能在喷油器没有打开或燃油系统没有油（压）。不过汽油泵已经运转，系统没有压力的故障概率很低，因此可以直接进行喷油器工作测试（脉冲信号），进而发现喷油器没有持续喷油。在分析喷油器没有持续喷油故障的可能原因后，继续检查点火系统存在的故障。

第一步：读取故障码

无故障码，只能围绕气缸内没有混合气燃烧进行诊断。在没有严重的机械系统故障的前提下，通常造成混合气不燃烧的主要原因有：

1）点火系统不点火。

2）燃油系统不喷油。

3）电控系统故障。

分析造成混合气不燃烧的原因时，建议最好使用尾气分析仪测量排气歧管的尾气，因为 CO、CO_2 可以反映混合气是否有燃烧，CH 可以反映喷油器是否有燃油喷出。如果排气歧管处无法获取尾气，而是从排气管口处进行测量，就要充分考虑排气管容积变化以及残留尾气对实测结果的影响。

第二步：尾气分析

在起动发动机的过程中，使用尾气分析仪进行尾气分析，排气管能检测到很少量的 HC 含量，而 CO、CO_2 的含量几乎为 0，O_2 的含量和大气几乎相同。通过这些数据，可以确定喷油器至少没有燃油持续喷出，所以首先应检查燃油控制系统故障。

对燃油系统的故障进行诊断，可以从两个方面进行考虑：一是围绕燃油系统压力展开；二是围绕喷油器工作展开。二者缺一不可，不过有时需要根据其他工况信息来确定哪一个故障的概率更大。

第三步：检查燃油系统压力

对于迈腾燃油喷射系统而言，要想测试燃油系统压力，有两种方法：一是利用感应式的燃油压力表测试油轨压力（高压）；二是利用解码器的数据流功能来读取。两种方法各有利弊，前者相对真实；后者需要借助原车的油轨压力传感器及发动机控制单元的编译。如果油轨压力传感器及相关电路存在故障，则会影响实测结果。因此，在有外接的燃油压力测试仪的情况下，建议使用第一种方法。

起动过程中，用解码器读取油轨压力（106/2）测量值（起动档）：01 区显示 40bar 左右。标准油压为 40bar，说明燃油系统压力正常。

第四步：检查喷油器工作

起动发动机时，用示波器测量喷油器两个端子之间的波形，可以检测到 1～3 个周期的脉冲信号（图 2-5），之后就不再能检测到脉冲信号。

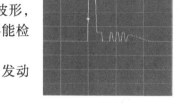

如果在发动机起动过程中喷油器不能持续喷油，则说明发动机控制单元切断了燃油喷射，可能原因为：

1）点火系统故障，造成所有火花塞均不点火。

图　2-5

2）发动机控制单元自身故障。

根据故障现象，可知所有火花塞均未点火。根据故障概率，可知故障可能在公共电源或搭铁，加之 SB10 给所有点火单元供电，方便检测，因此可以从熔丝性能开始检测。

第五步：SB10 供电检查

在起动发动机的过程中，用示波器或专用万用表（带示波功能）测量 SB10 两端对搭铁的波形，正常情况应为 +B。通过波形（图 2-6）可以看出，一端始终为 +B，另外一端始终为 0，说明熔丝断路故障。

更换熔丝后故障排除，发动机可正常起动。

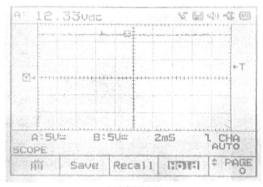

上端实测波形

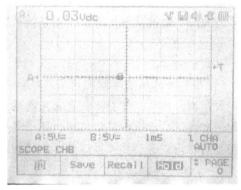

下端实测波形

图　2-6

注意：很多技术人员不采用示波器测量这种脉冲负载的供电电源，而是采用万用表，那就很难发现熔丝虚接的问题。这就需要继续检查点火线圈搭铁、控制信号，在确认这些均正常后，就怀疑点火单元自身故障。申请更换新件后故障依然存在，此时需要重新检查。

案例 3：J538 电源熔丝 SC36 虚接造成发动机无法起动的故障检修

1. 故障现象

根据故障设置的条件，可以分为以下两种情况：

1）如果在设置完故障后，没有排空燃油系统残压就让学生进行故障诊断，此时的故障现象为：打开点火开关，仪表板上的汽油液位显示异常（没有动作），没有听到油泵运转的声音；起动发动机，发动机可以正常起动，但过段时间后发动机转速逐渐降低，抖动逐渐加重，直至熄火；重新起动发动机，有着车征兆，但很难再起动。

2）如果在设置完故障后，彻底排空燃油系统残压后再让学生进行故障诊断，此时的故障现象为：打开点火开关，仪表板上的汽油液位显示异常（没有动作），没有听到油泵运转的声音；起动发动机时，起动机运转正常，但无任何着车征兆，也没有听到油泵运转的声音。

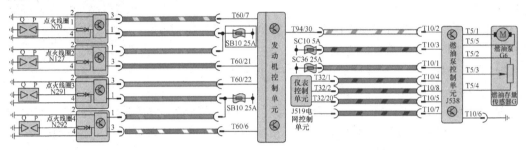

图　2-7

2. 故障分析（图2-7）

对于第一种故障，因为发动机转速是逐步降低的，很容易说明是燃油系统故障还是进排气系统故障，后者概率很低，因此应该从燃油系统压力开始进行测试。

对于第二种情况，根据故障现象，可知气缸内没有足够的混合气燃烧，可能的原因有点火系统故障、燃油系统故障、控制系统故障、（严重的）机械系统故障。

3. 诊断思路

注意：

1）如果故障描述时涉及油泵不转和汽油液位显示异常的内容，那就要从油泵不工作开始进行诊断。油泵不转发动机也无法起动，加上液位显示异常，因此可以先排除油泵故障及其控制系统，然后进行其他诊断。这里支持这种方法进行，因为这种诊断思路利用了原车的某些控制理论，有助于考察选手对车辆的熟知程度。

2）如果故障描述时没有涉及油泵不转和汽油液位显示异常的内容，但关注到发动机熄火前转速的变化过程，就可以根据现象确定是燃油系统故障还是进排气系统故障。后者概率很低，因此应该从燃油系统压力开始进行测试。

3）如果故障描述时没有涉及油泵不转和汽油液位显示异常的内容，也没有关注到发动机熄火前转速的变化过程，那就要结合自诊断功能进行诊断。如果有故障码，则按照故障码的含义进行诊断；如果没有故障码，则可以直接测试尾气，确定故障所在。在发现排气管HC含量过低时，说明喷油器没有或有很少量的燃油喷出，故障可能在喷油器没有打开或燃油系统没有油（压）。如果先测试燃油系统压力，就会发现燃油系统压力异常，进而着手排除燃油系统压力故障；而如果选手先测试喷油器脉冲信号，就会发现喷油器持续喷油，但燃油系统压力逐步降低，因此可以确定燃油系统压力有故障，进而先排除油压故障。

第一步：读取故障码

对于本故障，不读故障码也可以进行诊断，但一般的修理习惯还是要读码，即使已经知道故障位置。

故障码 12403：燃油泵电路电气故障。结合故障现象，可以确定是燃油泵系统故障造成发动机起动故障。

第二步：汽油泵测试

打开点火开关，用解码器执行元件驱动功能来测试燃油泵运行，但没有燃油泵运行声音，说明油泵及其控制有故障。

第三步：测量燃油泵电动机两端电压（点火开关 OFF – ON）

打开点火开关、开启车门或者起动发动机的过程中，用万用表测量燃油泵电动机两端之间的电压差，在正常情况下为 +B，测量结果为 0（异常），说明燃油泵没有得到工作电压，可能原因为 J538 及相关电路存在故障。

在电源及搭铁正常的情况下，J538 受控于 J623 和 J519，进而控制汽油泵的运行。由于在打开点火开关、开启车门或者起动发动机过程中 J538 均没有控制信号输出，说明故障可能在 J538 或其电源电路上。为了辨别具体原因，应首先排除电源电路故障。

第四步：检查 J538 的电源

打开点火开关，用万用表或示波器测量 J538 的供电及搭铁电路。在正常情况下，30#的（T10P/1）的搭铁电压为 +B，15#（T10P/3）的搭铁电压为 +B，搭铁端子（T10P/6）的搭铁电压为 0。实测结果为 30#（T10P/1）的搭铁电压为 0.89V，远小于 +B（异常）；15#（T10P/3）的搭铁电压为 +B（正常）；搭铁端子（T10P/6）的搭铁电压为 0（正常）。说明 J538 供电异常的可能原因为：

1）J538 到 SC36 之间电路故障。

2）SC36 自身及供电异常。

第五步：SC36 熔丝检测

打开点火开关，用万用表测量 SC36 两端的搭铁电压，在正常情况下应为 +B，实测结果为一端 +B，一端远低于 +B，两者之间存在较大压差，说明虚接。更换 SC36 后，油泵开始运转，燃油系统压力恢复正常，发动机可正常起动。

案例 4：J538 电源熔丝 SC36 断路造成发动机无法起动的故障检修

1. 故障现象

根据故障设置的条件，可以分为以下两种情况：

1）如果在设置完故障后，没有排空燃油系统残压就让学生进行故障诊断，此时的故障现象为：打开点火开关，仪表汽油液位显示异常（没有动作），听不到油泵运转的声音；起动发动机，发动机可以正常起动，但过段时间后发动机转速逐渐降低，发动机抖动逐渐加重，直至熄火，重新起动发动机，有着车征兆，但很难起动。

2）如果在设置完故障后，彻底排空燃油系统残压后再让学生进行故障诊断，此时的故障现象为：打开点火开关，仪表汽油液位显示异常（没有动作），听不到油泵运转的声音；起动发动机时，起动机运转正常，但无任何着车征兆，也听不到油泵运转的声音。

2. 故障分析（图 2-8）

对于第一种故障，因为发动机转速时逐步降低的，很容易说明是燃油系统故障或进排气

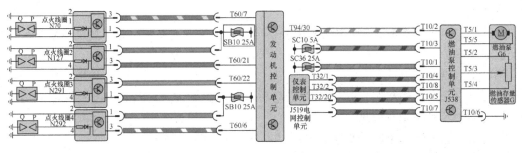

图 2-8

系统故障，后者概率很低，所以应该从燃油系统压力开始进行测试。

对于第二种情况，根据故障现象可知气缸内没有足够的混合气燃烧，可能的原因有点火系统故障、燃油系统故障、控制系统故障和（严重的）机械系统故障。

3. 诊断思路

注意：

1）如果故障描述时涉及油泵不转和汽油液位显示异常的内容，那就要从油泵不工作开始进行诊断。油泵不转发动机也无法起动，加上液位显示异常，因此可以先排除油泵故障及其控制系统故障，然后进行其他诊断，这里支持这种方法进行，因为这种诊断思路利用了原车的某些控制理论，有助于考察选手对车辆的熟知程度。

2）如果故障描述时没有涉及油泵不转和汽油液位显示异常的内容，但关注到发动机熄火前转速的变化过程，就可以根据现象确定是燃油系统故障还是进排气系统故障，后者概率很低，因此应该从燃油系统压力开始进行测试。

3）如果故障描述时没有涉及油泵不转和汽油液位显示异常的内容，也没有关注到发动机熄火前转速的变化过程，那就要结合自诊断功能进行诊断。如果有故障码，则按照故障码的含义进行诊断；如果没有故障码，则可以直接测试尾气，确定故障所在。在发现排气管HC含量过低时，说明喷油器没有或有很少量的燃油喷出，故障可能在喷油器没有打开或燃油系统没有油（压）。如果选手先测试燃油系统压力，就会发现燃油系统压力异常，进而着手排除燃油系统压力故障。而如果选手先测试喷油器脉冲信号，就会发现喷油器持续喷油，但燃油系统压力逐步降低，因此可以确定燃油系统压力故障，进而先排除油压故障。

第一步：读取故障码

对于本故障，不读故障码也可以进行诊断。但一般的修理习惯还是要读码，即使已经知道故障方位。

故障码12403：燃油泵电路电气故障。结合故障现象，可以确定是燃油泵系统故障造成发动机起动故障。

第二步：汽油泵测试

打开点火开关，用解码器执行元件驱动功能来测试燃油泵运行，但没有燃油泵运行的声音，说明油泵及其控制有故障。

第三步：测量燃油泵电动机两端的电压（点火开关 OFF – ON）

打开点火开关、开启车门或者起动发动机的过程中，用万用表测量燃油泵电动机两端之间的电压，在正常情况下为 +B，测量结果为 0（异常），说明燃油泵没有得到工作电压，可能原因是 J538 及相关电路存在故障。

在电源及搭铁正常的情况下，J538 受控于 J623 和 J519，进而控制汽油泵的运行。由于在打开点火开关、开启车门或者起动发动机过程中 J538 均没有控制信号输出，说明故障可能在 J538 或其电源电路上。为了区分具体原因，应首先排除电源电路故障。

第四步：检查 J538 的电源

打开点火开关，用万用表或示波器测量 J538 的供电及搭铁电路。在正常情况下，30#（T10P/1）的搭铁电压为 +B，15#（T10P/3）的搭铁电压为 +B，搭铁端子（T10P/6）的搭铁电压为 0。实测结果为 30#（T10P/1）的搭铁电压为 0.89V，远小于 +B（异常），15#（T10P/3）的搭铁电压为 +B（正常），搭铁端子（T10P/6）的搭铁电压为 0（正常），说明 J538 供电异常，可能原因为：

1）J538 到 SC36 之间电路故障。

2）SC36 自身及供电异常。

第五步：SC36 熔丝检测

打开点火开关，用万用表测量 SC36 两端的搭铁电压，在正常情况下应为 +B。实测结果为一端 +B，一端为 0，两者之间存在相当于蓄电池电压的差值，说明断路。更换 SC36 后，油泵开始运转，燃油系统压力恢复正常，发动机可正常起动。

案例 5：J538 输出负极电路断路造成发动机无法起动的故障检修

1. 故障现象

根据故障设置的条件，可以分为以下两种情况：

1）如果在设置完故障后，没有排空燃油系统残压就让学生进行故障诊断，此时的故障现象为：打开点火开关，仪表显示无异常（包括汽油液位显示表），但没有听到油泵运转的声音；起动发动机，发动机可以正常起动，但过段时间后发动机转速逐渐降低，发动机抖动逐渐加重，直至熄火；重新起动发动机，有着车征兆，但很难再起动。

2）如果在设置完故障后，彻底排空燃油系统残压后再让学生进行故障诊断，此时的故障现象为：打开点火开关，仪表显示无异常（包括汽油液位显示表），没有听到油泵运转的声音；起动发动机时，起动机运转正常，但无任何着车征兆，也没有听到油泵运转的声音。

2. 故障分析（图 2-9）

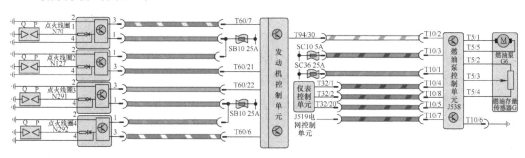

图 2-9

对于第一种故障，因为发动机转速时逐步降低的，很容易说明是燃油系统故障或进排气系统故障，后者概率很低，所以应该从燃油系统压力开始进行测试。

对于第二种情况，根据故障现象判断气缸内没有足够的混合气燃烧，可能的原因有点火系统故障、燃油系统故障、控制系统故障、机械系统故障（严重的）。

3. 诊断思路

注意：

1) 如果故障描述时涉及油泵不转（汽油液位显示正常）的内容，那就要从油泵不工作开始进行诊断。油泵不转发动机也无法起动，因此可以先排除油泵故障，然后进行其他诊断。这里支持这种方法进行，因为这种诊断思路利用了原车的某些控制理论，有助于考察选手对车辆的熟知程度。

2) 如果故障描述时没有涉及油泵不转（汽油液位显示正常）的内容，但关注到发动机熄火前转速的变化过程，就可以根据现象确定是燃油系统故障还是进排气系统故障。后者概率很低，因此应该从燃油系统压力开始进行测试。

3) 如果故障描述时没有涉及油泵不转（汽油液位显示正常）的内容，也没有关注到发动机熄火前转速的变化过程，那就要结合自诊断功能进行诊断。如果有故障码，则按照故障码的含义进行诊断；如果没有故障码，则可以直接测试尾气，确定故障所在。在发现排气管 HC 含量过低时，说明喷油器没有或有很少量的燃油喷出，故障可能在喷油器没有打开或燃油系统没有油（压）。如果选手先测试燃油系统压力，就会发现燃油系统压力异常，进而着手排除燃油系统压力故障；而如果选手先测试喷油器脉冲信号，就会发现喷油器持续喷油，但燃油系统压力逐步降低。因此还是可以确定燃油系统压力故障，进而先排除油压故障。

第一步：读取故障码

对于本故障，不读故障码也可以进行诊断，但一般的修理习惯还是要读码，即使已经知道故障方位。

读取故障码，发现没有相关故障码，加之在开启车门、打开点火开关和起动发动机时均没有听到汽油泵运转的声音，因此怀疑发动机不能正常起动是由于汽油泵不转动引起的。

第二步：汽油泵测试

打开点火开关，用解码器执行元件驱动功能来测试燃油泵运行，但没有燃油泵运行声音，说明油泵及其控制故障。

第三步：测量燃油泵电动机两端电压（点火开关 OFF – ON）

打开点火开关、开启车门或者起动发动机过程中，用万用表测量燃油泵电动机两端之间的电压差。在正常情况下为 +B，测量结果为 0（异常），说明燃油泵没有得到工作电压。汽油液位表显示正常，可能原因为 J538 及油泵驱动相关电路存在故障。

第四步：检查燃油泵电动机两端分别对搭铁电源

打开点火开关、开启车门或者起动发动机过程中，用万用表或示波器分别测量油泵 T5a/1、T5a/5 的搭铁电压。在正常情况下，有一个端子会检测到蓄电池电压，另外一个端子会检测到搭铁电压。实测结果为两个端子均检测到蓄电池电压，说明 J538 没有提供搭铁信号，可能原因是 J538 自身故障。

更换 J538 后，油泵开始运转，燃油系统压力恢复正常，发动机可正常起动。

案例6：J538 输出正极电路断路造成发动机无法起动的故障检修

1. 故障现象

根据故障设置的条件，可以分为以下两种情况：

1）如果在设置完故障后，没有排空燃油系统残压就让学生进行故障诊断，此时的故障现象为：打开点火开关，仪表显示无异常（包括汽油液位显示表），但没有听到油泵运转的声音；起动发动机，发动机可以正常起动，但过段时间后发动机转速逐渐降低，发动机抖动逐渐加重，直至熄火；重新起动发动机，有着车征兆，但很难再起动。

2）如果在设置完故障后，彻底排空燃油系统残压后再让学生进行故障诊断，此时的故障现象为：打开点火开关，仪表显示无异常（包括汽油液位显示表），没有听到油泵运转的声音；起动发动机时，起动机运转正常，但无任何着车征兆，也没有听到油泵运转的声音。

2. 故障分析（图2-10）

对于第一种故障，由于发动机转速时逐步降低的，很容易说明是燃油系统故障或进排气系统故障，后者概率很低，因此应该从燃油系统压力开始进行测试。

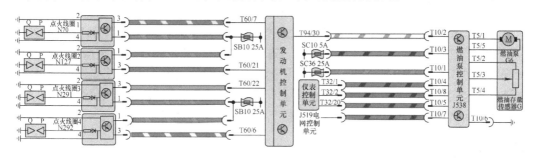

图 2-10

对于第二种情况，根据故障现象说明气缸内没有足够的混合气燃烧，可能的原因有点火系统故障、燃油系统故障、控制系统故障、机械系统故障（严重的）。

3. 诊断思路

注意：

1）如果故障描述时涉及油泵不转（汽油液位显示正常）的内容，那就要从油泵不工作开始进行诊断。油泵不转发动机也无法起动，因此可以先排除油泵故障，然后进行其他诊断。这里支持这种方法进行，因为这种诊断思路利用了原车的某些控制理论，有助于考察选手对车辆的熟知程度。

2）如果故障描述时没有涉及油泵不转（汽油液位显示正常）的内容，但关注到发动机熄火前转速的变化过程，就可以根据现象确定是燃油系统故障还是进排气系统故障。后者概率很低，因此应该从燃油系统压力开始进行测试。

3）如果故障描述时没有涉及油泵不转（汽油液位显示正常）的内容，也没有关注到发动机熄火前转速的变化过程，那就要结合自诊断功能进行诊断。如果有故障码，则按照故障码的含义进行诊断；如果没有故障码，则可以直接测试尾气，确定故障所在。在发现排气管HC 含量过低时，说明喷油器没有或有很少量的燃油喷出，故障可能在喷油器没有打开或燃油系统没有油（压），如果选手先测试燃油系统压力，就会发现燃油系统压力异常，进而着手排除燃油系统压力故障；而如果选手先测试喷油器脉冲信号，就会发现喷油器持续喷油，但燃油系统压力逐步降低。因此还是可以确定燃油系统压力故障，进而先排除油压故障。

第一步：读取故障码

对于本故障，不读故障码也可以进行诊断，但一般的修理习惯还是要读码，即使已经知道故障方位。

读取故障码，发现没有相关故障码，加之在开启车门、打开点火开关和起动发动机时均没有听到汽油泵运转的声音，因此怀疑发动机不能正常起动是由于汽油泵不转动引起的。

第二步：汽油泵测试

打开点火开关，用解码器执行元件驱动功能来测试燃油泵运行，但没有燃油泵运行声音，说明油泵及其控制故障。

第三步：测量燃油泵电动机两端电压（点火开关 OFF – ON）

打开点火开关时、开启车门时或者起动发动机过程中，用万用表测量燃油泵电动机两端之间的电压差，在正常情况下为 + B，测量结果为 0（异常），说明燃油泵没有得到工作电压。汽油液位表显示正常，可能原因为 J538 及油泵驱动相关电路存在故障。

第四步：检查燃油泵电动机两端分别对搭铁电源

打开点火开关、开启车门或者起动发动机过程中，用万用表或示波器分别测量油泵 T5a/1、T5a/5 的搭铁电压。在正常情况下，有一个端子会检测到蓄电池电压，另外一个会检测到搭铁电压。实测结果为两个端子均检测到搭铁电压，说明 J538 没有提供正极电压。汽油液位表显示正常，说明 J538 电源电路没有故障，可能原因为 J538 自身故障及油泵触发信号故障。后者虽概率很低，但也最好能进行测量，至少测量其中的一个，以确保诊断结论的正确性。

第五步：相关油泵控制信号的检测（至少测一个）

开启车门时，用万用表测量 J538 的 T10p/7（来自 J519 的车身单元唤醒信号）端子的搭铁电压。在正常情况下，该端子电压应从 0 切换到蓄电池电压，否则说明该信号电路存在故障。

打开点火开关时，用万用表测量 J538 的 T10p/3（来自 J329 的点火开关控制信号）端子的搭铁电压。在正常情况下，该端子电压应从 0 切换到蓄电池电压，否则说明该信号电路存在故障。

起动发动机时，用示波器测量 J538 的 T10p/2（来自 J623 的油泵控制信号）端子的搭铁电压波形。在正常情况下，该端子电压应为 0 到蓄电池电压之间的方波信号，否则说明该信号电路存在故障。

通过测量，发现 J538 的三个端子的搭铁电压信号均正常，因此确认 J538 损坏。更换J538 后，油泵开始运转，燃油系统压力恢复正常，发动机可正常起动。

案例 7：J538 搭铁电路内部断路故障造成发动机无法起动的故障检修

1. 故障现象

根据故障设置的条件，可以分为以下两种情况：

1）如果在设置完故障后，没有排空燃油系统残压就让学生进行故障诊断，此时的故障现象为：打开点火开关，仪表汽油液位显示异常（没有动作），没有听到油泵运转的声音；起动发动机，发动机可以正常起动，但过段时间后发动机转速逐渐降低，发动机抖动逐渐加重，直至熄火；重新起动发动机，有着车征兆，但很难起动。

2）如果在设置完故障后，彻底排空燃油系统残压后再让学生进行故障诊断，此时的故障现象为：打开点火开关，仪表汽油液位显示异常（没有动作），没有听到油泵运转的声音；起动发动机时，起动机运转正常，但无任何着车征兆，也没有听到油泵运转的声音。

2. 故障分析（图 2-11）

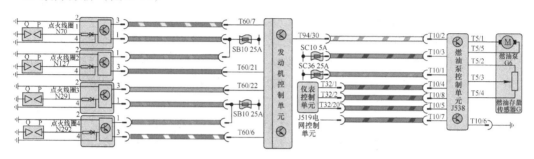

图 2-11

对于第一种故障，由于发动机转速时逐步降低的，很容易说明是燃油系统故障或进排气系统故障。后者概率很低，因此应该从燃油系统压力开始进行测试。

对于第二种情况，根据故障现象判断气缸内没有足够的混合气燃烧。可能的原因有点火系统故障、燃油系统故障、控制系统故障、机械系统故障（严重的）。

3. 诊断思路

注意：

1）如果故障描述时涉及油泵不转的内容，那就要从油泵不工作开始进行诊断。油泵不转发动机也无法起动，因此可以先排除油泵故障，然后进行其他诊断。这里支持这种方法进行，因为这种诊断思路利用了原车的某些控制理论，有助于考察选手对车辆的熟知程度。

2）如果故障描述时没有涉及油泵不转的内容，但关注到发动机熄火前转速的变化过程，就可以根据现象确定是燃油系统故障还是进排气系统故障。后者概率很低，因此应该从燃油系统压力开始进行测试。

3）如果故障描述时没有涉及油泵不转的内容，也没有关注到发动机熄火前转速的变化过程，那就要结合自诊断功能进行诊断。如果有故障码，则按照故障码的含义进行诊断；如果没有故障码，则可以直接测试尾气，确定故障所在。在发现排气管 HC 含量过低时，说明喷油器没有或有很少量的燃油喷出，故障可能在喷油器没有打开或燃油系统没有油（压）。如果选手先测试燃油系统压力，就会发现燃油系统压力异常，进而着手排除燃油系统压力故障；而如果选手先测试喷油器脉冲信号，就会发现喷油器持续喷油，但燃油系统压力逐步降低，因此还是可以确定燃油系统压力故障，进而先排除油压故障。

第一步：读取故障码

对于本故障，不读故障码也可以进行诊断，但一般的修理习惯还是要读码，即使已经知道故障方位。

读取故障码，发现没有相关故障码，加之在开启车门、打开点火开关和起动发动机时均没有听到汽油泵运转的声音，因此怀疑发动机不能正常起动是由于汽油泵不转动引起的。

第二步：汽油泵测试

打开点火开关，用解码器执行元件驱动功能来测试燃油泵运行，但没有燃油泵运行声音，说明油泵及其控制故障。

第三步：测量燃油泵电动机两端电压（点火开关 OFF – ON）

打开点火开关、开启车门或者起动发动机过程中，用万用表测量燃油泵电动机两端之间的电压差。在正常情况下为 +B，测量结果为 0（异常），说明燃油泵没有得到工作电压，可能原因是 J538 及相关电路存在故障。

J538 是在电源及搭铁正常的情况下，受控于 J623 和 J519，进而控制汽油泵的运行。由于在打开点火开关、开启车门或者起动发动机过程中 J538 均没有控制信号输出，说明故障可能在 J538 或其电源电路上。为了区分具体原因，应首先排除电源电路故障。

第四步：检查 J538 的电源

打开点火开关，用万用表或示波器测量 J538 的供电及搭铁电路。在正常情况下，30#（T10P/1）的搭铁电压为 +B，15#（T10P/3）的搭铁电压为 +B，搭铁端子（T10P/6）的搭铁电压为 0。实测结果为 30#（T10P/1）的搭铁电压为 +B（正常），15#（T10P/3）的搭铁电压为 +B（正常），搭铁端子（T10P/6）的搭铁电压为 0（正常），说明 J538 供电正常，可能原因为 J538 自身故障。

J538 自身故障的结论是推断来的，前提是 J623 和 J519 的相关信号输入正常的情况下。因为为了确保诊断结论具有完全说服力，也要对相关输入信号进行测量。

第五步：相关油泵控制信号的检测

开启车门时，用万用表测量 J538 的 T10p/7（来自 J519 的车身单元唤醒信号）端子的搭铁电压。在正常情况下，该端子电压应从 0 切换到蓄电池电压，否则说明该信号电路存在故障。

打开点火开关时，用万用表测量 J538 的 T10p/3（来自 J329 的点火开关控制信号）端子的搭铁电压。在正常情况下，该端子电压应从 0 切换到蓄电池电压，否则说明该信号电路存在故障。

起动发动机时，用示波器测量 J538 的 T10p/2（来自 J623 的油泵控制信号）端子的搭铁电压波形。在正常情况下，该端子电压应为 0 到蓄电池电压之间的方波信号，否则说明该信号电路存在故障。

通过测量，发现 J538 的三个端子搭铁电压均正常，因此确认 J538 损坏。更换 J538 后，油泵开始运转，燃油系统压力恢复正常，发动机可正常起动。

案例 8：J538 与 J623 连接端子脱焊断路造成发动机无法起动的故障检修

1. 故障现象

打开点火开关，仪表显示无异常，可以听到油泵运转的声音；起动发动机，发动机可以正常起动，但过段时间后发动机转速逐渐降低，发动机抖动逐渐加重，直至熄火；重新起动，可正常起动发动机，但故障依旧。

2. 故障分析（图 2-12）

由于发动机转速时逐步降低的，很容易说明是燃油系统故障或进排气系统故障。后者概率很低，因此应该从燃油系统压力开始进行测试。

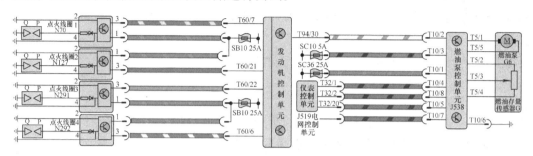

图 2-12

3. 诊断思路

第一步：读取故障码

读取故障码，发现相关故障码为 00602，表示燃油单元控制电路/断路、静态。加之在开启车门、打开点火开关时能听到汽油泵运转的声音，因此怀疑发动机控制单元与油泵控制单元 J538 之间通信存在问题。

第二步：汽油泵驱动测试

打开点火开关，用解码器执行元件驱动功能来测试燃油泵运行，但没有燃油泵运行声音，说明发动机控制单元确实控制不了油泵控制单元 J538 的运行。故障可能在以下三个方面：

1）发动机控制单元 J623 故障。

2）发动机控制单元 J623 与油泵控制单元 J538 之间电路故障。

3）油泵控制单元 J538 故障。

发动机控制单元 J623 与油泵控制单元 J538 之间是单向通信模式，即发动机控制单元 J623 向油泵控制单元 J538 发出控制信号，因此应首先测量油泵控制单元 J538 端的通信信号是否正常。

第三步：测量 J538 信号输入是否正常

起动发动机的过程中，用示波器测量 J538 的 T10p/2 端子的对搭铁波形，在正常情况下应该测得一个 0 到 +B 之间的方波信号，如图 2-13 所示。

实测结果为一条电压为蓄电池电压的直线（异常），说明燃油泵控制单元 J538 没有接收到 J623 的控制信号，可能原因为：

1）J623 自身故障。

2）J623 与 J538 之间电路故障。

第四步：测量 J623 信号输出是否正常

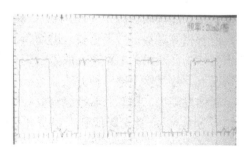

图 2-13

在起动发动机的过程中，用示波器测量 J623 的 T94/30 端子对搭铁的波形。在正常情况下，应该测得一个 0 到 +B 之间的方波信号，如图所示。

实测结果为一条 0 到 +B 之间的方波信号，说明 J623 发出了控制信号，但 J538 没有收到，诊断结论为 J623 与 J538 之间的电路断路故障。

修复线束后，油泵开始运转，燃油系统压力恢复正常，发动机可正常起动。

案例 9：J538 与 J623 连接端子虚接造成发动机无法起动的故障检修

1. 故障现象

打开点火开关，仪表显示无异常，可以听到油泵运转的声音；起动发动机，发动机可以正常起动，但过段时间后发动机转速逐渐降低，发动机抖动逐渐加重，直至熄火；重新起动，可正常起动发动机，但故障依旧。

2. 故障分析（图 2-14）

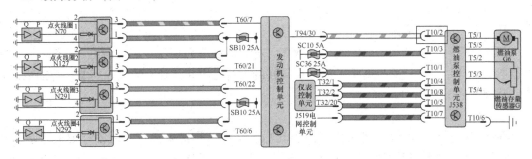

图 2-14

发动机转速时逐步降低的，很容易说明是燃油系统故障或进排气系统故障。后者概率很低，因此应该从燃油系统压力开始进行测试。

3. 诊断思路

第一步：读取故障码

读取故障码，发现无相关故障码。

第二步：系统压力测试

对于迈腾燃油喷射系统而言，要想测试燃油系统压力，有两种方法：一是利用感应式的燃油压力表测试油轨压力（高压）；二是利用解码器的数据流功能来读取。两种方法各有利弊，前者相对真实；后者需要借助原车的油轨压力传感器及发动机控制单元的编译。如果油轨压力传感器及相关电路存在故障，则会影响实测结果。因此，在有外接的燃油压力测试仪的情况下，建议使用第一种方法。

起动发动机，用解码器数据流监控油轨压力（106/01）的变化：标准油压为 40bar，实测结果为由 40bar 逐渐降低到 1.6bar（此时发动机已经熄火）；重新打开点火开关后，压力又上升到 7bar，说明在发动机在起动及起动后汽油泵没有工作。可能原因：

1）J623 自身故障。

2）J623 与 J538 之间电路故障。

3）J538 自身故障。

第三步：测量 J538 信号输入是否正常

在起动发动机的过程中，用示波器测量 J538 的 T10p/2 端子的对搭铁波形，在正常情况下应该测得一个 0 到 +B 之间的方波信号。

实测结果为 4.2V 到 +B 之间的方波信号（异常），说明燃油泵控制单元 J538 没有接收到 J623 正确的控制信号，可能原因为：

1）J623 自身故障。

2）J623 与 J538 之间的电路有故障。

第四步：测量 J623 信号输出是否正常

在起动发动机的过程中，用示波器测量 J623 的 T94/30 端子的对搭铁波形。在正常情况下，应该测得一个 0 到 +B 之间的方波信号。

实测结果为一条 0 到 +B 之间的方波信号，说明 J623 发出了正常控制信号，但 J538 收到的信号低电平被太高了，诊断结论为 J623 与 J538 之间电路虚接故障。

修复线束后，油泵开始运转，燃油系统压力恢复正常，发动机可正常起动。

案例 10：SC36 虚接、熔丝 SB10 虚接造成发动机无法起动的故障检修

1. 故障现象

注意：设置故障后，燃油系统的残压已经全部释放。

打开点火开关，仪表中的汽油液位表显示异常，也没有听到油泵运转的声音；起动发动机时，起动机运转正常，但无任何着车征兆，也没有听到油泵运转的声音。

2. 故障分析（图 2-15）

根据故障现象判断气缸内没有任何混合气燃烧的迹象，可能的原因有点火系统故障、燃油系统故障、控制系统故障、机械系统故障（严重的）。

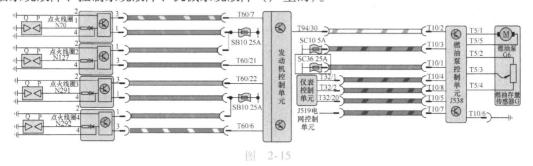

图 2-15

3. 诊断思路

注意：

（1）如果故障描述时涉及油泵不工作和汽油液位显示异常的内容，那就要从油泵不工作开始进行诊断。油泵不转发动机也无法起动，加上液位显示异常，因此可以先排除油泵故障及其控制系统，然后进行其他诊断。如果故障描述时没有涉及油泵不工作和汽油液位显示异常的内容，那就结合自诊断功能进行诊断。如果没有故障码，则可以直接测试尾气，确定燃油系统存在故障。在排除燃油系统故障后，再进行点火系统的故障诊断。这里支持前一种方法进行，因为这种诊断思路利用了原车的某些控制理论，有助于考察选手对车辆的熟知程度。

（2）如果选手在描述故障时没有涉及油泵不工作和汽油液位显示异常的内容，在发现排气管 HC 含量过低时，说明喷油器没有或有很少量的燃油喷出，则故障可能在喷油器没有打开或燃油系统没有油（压）。如果选手先测试燃油系统压力，在发现燃油系统压力异常、排除燃油系统压力故障后，再检测喷油器动作（脉冲信号），则也会发现喷油器没有持续喷油。在分析喷油器没有持续喷油故障的可能原因后，继续检查点火系统存在的故障。

（3）如果选手先测试喷油器脉冲信号，就会发现喷油器在发动机起动过程中仅仅喷油几次。在分析喷油器没有持续喷油的故障可能原因（点火系统故障、燃油压力故障、发动机转速信号故障、发动机控制单元自身故障）后，可以先排除油压故障，也可以先排除点火系统故障。但如果排除某一个故障后发动机还是无法起动，则通过分析归结到另外一个原因，进而测试燃油系统压力并排除相关故障。

第一步：读取故障码：

根据虚接电阻大小的不同，有时会生成故障码，有时不会。如果有，就是故障码12403：燃油泵电路电气故障。结合故障现象，可以确定是燃油泵系统故障造成发动机起动故障。

第二步：汽油泵测试

打开点火开关，用解码器执行元件驱动功能来测试燃油泵运行，但没有燃油泵运行声音，说明油泵及其控制故障。

第三步：测量燃油泵电动机两端电压（点火开关 OFF – ON）

打开点火开关、开启车门或者起动发动机过程中，用万用表测量燃油泵电动机两端的电压差。在正常情况下为 + B，测量结果为 0（异常），说明燃油泵没有得到工作电压，可能原因为 J538 及相关电路存在故障。

J538 是在电源及搭铁正常的情况下，受控于 J623 和 J519，进而控制汽油泵的运行。由于在打开点火开关、开启车门或者起动发动机过程中 J538 均没有控制信号输出，说明故障可能在 J538 或其电源电路上。为了区分具体原因，应首先排除电源电路故障。

第四步：检查 J538 的电源

打开点火开关，用万用表或示波器测量 J538 的供电及搭铁电路。在正常情况下，30#（T10P/1）的搭铁电压为 + B，15#（T10P/3）的搭铁电压为 + B，搭铁端子（T10P/6）的搭铁电压为 0。实测结果为 30#（T10P/1）的搭铁电压为 0，远小于 + B（异常），15#（T10P/3）的搭铁电压为 + B（正常），搭铁端子（T10P/6）的搭铁电压为 0（正常），说明 J538 供电异常。可能原因为：

1）J538 到 SC36 之间的电路故障。

2）SC36 自身及供电异常。

第五步：SC36 熔丝检测

打开点火开关，用万用表测量 SC36 两端搭铁电压，在正常情况下应为 + B。实测结果为一端 + B，一端远低于 + B，两者之间存在较大压差，说明虚接。更换 SC36 后，油泵开始运转，燃油系统压力恢复正常，但发动机依然没有着车征兆。

第六步：尾气分析

在起动发动机的过程中，使用尾气分析仪进行尾气分析。排气管能检测到少量的 HC 含量，而 CO、CO_2 的含量几乎为 0，O_2 的含量和大气几乎相同。这些数据可以确定喷油器没有燃油持续喷出，因此应首先检查燃油控制系统故障。

第七步：检查燃油系统压力

对于迈腾燃油喷射系统而言，要想测试燃油系统压力，有两种方法：一是利用感应式的燃油压力表测试油轨压力（高压）；二是利用解码器的数据流功能来读取。两种方法各有利弊，前者相对真实；后者需要借助原车的油轨压力传感器及发动机控制单元的编译。如果油轨压力传感器及相关电路存在故障，则会影响实测结果。因此，在有外接的燃油压力测试仪的情况下，建议使用第一种方法。

在起动过程中，用解码器读取油轨压力（106/2）测量值（起动档）：01 区显示 1bar 左右（异常），标准油压为 40bar，说明低压燃油系统存在故障，可能原因：

1）油泵及其控制故障。

2）油管故障。

第八步：检查喷油器工作

在起动发动机时，用示波器测量喷油器控制端子的对搭铁波形，可以检测到 1～3 个周期的脉冲信号，之后就不再能检测到脉冲信号（在一个工作循环内可以检测到两次脉冲，分别如图 2-16a、b 所示）。

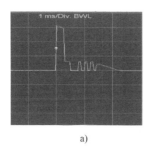
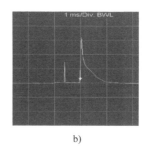

a)　　　　　　　　　　　　　　　b)

图　2-16

如果在发动机起动过程中喷油器不能持续喷油，则说明发动机控制单元切断了燃油喷射，可能原因为：

1）点火系统故障，造成所有火花塞均不点火。

2）发动机控制单元自身故障。

根据故障现象，说明所有火花塞均未点火。根据故障概率，说明故障可能在公共电源或搭铁。加之 SB10 给所有点火单元供电，方便检测，因此可以从熔丝性能开始检测。

第九步：SB10 供电检查

在起动发动机的过程中，用示波器或专用万用表（带示波功能）测量 SB10 两端（实际是测量所有点火线圈的供电）对搭铁波形，正常情况应为 + B。通过波形可以看出（图 2-17），一端始终为 + B，另外一端在点火线圈工作时电压会降到 4.5V（该数值与虚接电阻大小有关），说明熔丝有虚接故障。

更换熔丝后故障恢复，发动机可正常起动。

注意：很多技术人员不采用示波器测量这种脉冲负载的供电电源，而是采用万用表，那很难发现熔丝虚接的问题。这还需要继续检查点火线圈搭铁、控制信号，确认正常后，才能怀疑点火单元自身故障，申请更换后故障依然存在，此时需要重新检查。

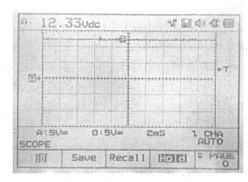 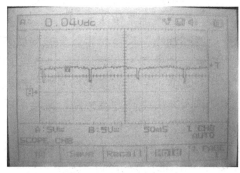

上端实测波形　　　　　　　　　下端实测波形

图　2-17

竞赛试题三：
发动机怠速异常的故障检修

建议：教师在引用本案例时，结合迈腾发动机交互式教学系统，在以下电路或元器件上设置单个故障点，仔细验证，安排学生完成工作页的所有内容。

附表：故障设置建议（请教师通过实验进行验证）。

序号	故障部位	故障性质	故障现象
1	二缸喷油器正极电路	断路虚接	个别喷油器不工作导致怠速抖动
2	二缸喷油器负极电路	断路虚接	个别喷油器不工作导致怠速抖动
3	节气门位置传感器	信号线交叉	怠速失调导致怠速抖动
4	节气门位置传感器	搭铁电路断路	怠速失调导致怠速抖动

案例1：节气门位置传感器信号线交叉造成发动机怠速抖动的故障检修

1. 故障现象

打开点火开关，仪表显示无异常。起动发动机时，车辆可以正常起动，但EPC灯不正常熄灭，维持常亮；发动机怠速抖动，进气总管有异响。

2. 故障分析（图3-1）

从理论上讲，造成发动机抖动的原因虽然很多，但不外乎有以下几种可能性：

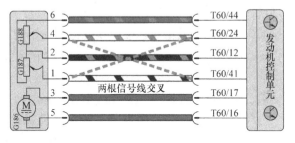

图 3-1

1）发动机的动平衡性较差，造成发动机抖动。这种抖动随发动机转速的提高而加剧。

2）发动机各缸功率不平衡，造成发动机抖动。这种抖动的最大特点是抖动频率与发动机转速同步。

3）发动机动力不足，造成发动机抖动。这种抖动的最大特点是一旦加速抖动就消失。

因此在描述故障时，应尽可能地把相关的现象描述清楚，以便尽快缩小故障范围。

3. 诊断思路

如果有相关故障码提示，就按照故障码的提示进行诊断。如果没有相关故障码提示，则需要分析故障现象，读取相关的数据流和尾气排放数值，发现异常数据，实施诊断。

第一步：扫描网关，读取故障码

打开点火开关，用解码器扫描网关，读取故障码，发现有以下故障码：

1）05445：节气门控制功能失效。

2）05464：WPC 节气门驱动电动机 G186 电路电气故障。

3）08454：节气门控制单元 J338 由于系统故障功率受限。

通过以上故障码可以看出，发动机控制单元 J623 无法控制节气门驱动电动机 G186 的运行，而这也会造成发动机无法加速，因此可以围绕该故障码反映的故障进行诊断。

第二步：读取节气门位置传感器的数据值，验证故障码的真实性

打开点火开关，慢慢踩下加速踏板和松开加速踏板，可以多次反复，用解码器测量节气门位置传感器两个信号的输出，看是否能随加速踏板的动作而正常变化。

1）62/1 节气门角度（电位计 1）：保持 83.98% 不变（异常），正常值为 15.62% → 87.10%。

2）62/2 节气门角度（电位计 2）：保持 15.62% 不变（异常），正常值为 83.98% → 12.10%。

3）62/3 踏板值传感器角度（电位计 1）：14.84% → 89.06%（正常）。

4）62/4 踏板值传感器角度（电位计 2）：7.42% → 44.92%（正常）。

通过以上数据流可以看出，加速踏板输出了正常的信号，而节气门位置传感器的信号异常，表现在以下两个方面：

1）节气门角度（电位计 1）的信号始终维持在 83.98%，而该数值相等于节气门角度（电位计 2）在节气门最小开度时的最高标准信号。

2）节气门角度（电位计 2）的信号始终维持在 15.62%，而该数值相等于节气门角度（电位计 1）在节气门最小开度时的最低标准信号。

这说明故障极有可能是节气门角度电位计的两个输入信号交叉导致的，可能故障原因为发动机控制单元 J623 与节气门体之间的电路故障。

解码器显示的数据流是通过换算以后显示的，因此显示的结果可能还与控制单元的换算是否正确有关，因此最好还是通过测量控制单元相应端子的输入电压来进一步确认故障范围。

第三步：测量控制单元节气门角度传感器两个信号输入端子的搭铁电压

打开点火开关，用万用表分别测量发动机控制单元 J623 T60/24、T60/41 的搭铁电压。在正常情况下，两个端子搭铁电压分别为 0.5~4.1V 和 0.9~4.4V，实测结果为 0.9V 和 4.1V，说明两个信号确实交叉了。

第四步：测量节气门角度传感器端两个信号输出端子的搭铁电压

打开点火开关，用万用表测量节气门体 T6as/1、T6as/4 的搭铁电压。在正常情况下，两个端子搭铁电压分别为 0.9~4.4V 和 0.5~4.1V，实测结果为 0.9V 和 4.1V，说明信号正常。

通过测试，发现节气门位置传感器 1 电脑端信号电压与节气门位置传感器 2 传感器端信号电压相同；同时，节气门位置传感器 1 传感器端信号电压与节气门位置传感器 2 电脑端信号电压相同。说明节气门位置传感器 1 和节气门位置传感器 2 的信号输出端交叉。调换线束后，故障码清除，发动机性能恢复正常。

案例2：节气门位置传感器信号搭铁电路断路造成 发动机怠速抖动的故障检修

1. 故障现象

打开点火开关，仪表显示无异常。发动机起动后，怠速抖动，转速在较大范围内波动。

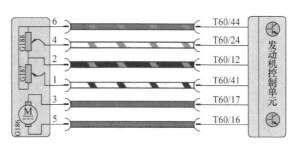

图 3-2

2. 故障分析（图3-2）

造成发动机抖动的原因虽然很多，但不外乎有以下几种可能性：

1）发动机的动平衡性较差，造成发动机抖动。这种抖动随发动机转速的提高而加剧。

2）发动机各缸功率不平衡，造成发动机抖动。这种抖动的最大特点是抖动频率与发动机转速同步。

3）发动机动力不足，造成发动机抖动。这种抖动的最大特点是一旦加速抖动就消失。

因此在描述故障时，应尽可能把相关的故障现象描述清楚，以便尽快缩小故障范围。在本案例中，描述故障现象时已经讲到发动机转速是在较大范围内上下波动。这种情况通常是由于发动机的动力性时大时小，究其原因可能为进气量时大时小，或者混合气时稀时浓，点火正时时早时晚。具体表现在以下几个方面：

1）进排气系统故障。

2）燃油供给系统故障。

3）点火系统故障。

4）发动机电控系统故障。

5）机械故障。

3. 诊断思路

如果有相关故障码提示，就按照故障码的提示进行诊断。如果没有相关故障码提示，则需要分析故障现象，读取相关的数据流和尾气排放数值，发现异常数据，实施诊断。

第一步：扫描网关，读取故障码

打开点火开关，用解码器扫描网关，读取故障码，发现有以下故障码：

1）00291：节气门/踏板位置传感器/开关A高电平输入，静态。

2）00547：节气门/踏板位置传感器/开关B高电平输入，静态。

结合节气门位置传感器电路图以及故障码的含义，可知发动机控制单元同时接收到两个传感器的最高电压，而且维持不变。在正常情况下，两个传感器的信号为互补电压，即在怠速状态时，一个传感器的信号电压为最高电压，一个为最低电压，这与实际情况是相违背的。可能原因为：

1）J623控制故障。

2）节气门位置传感器故障。

3）J623到节气门位置传感器之间线路故障。

第二步：读取节气门位置传感器的数据值，验证故障码的真实性打开点火开关，慢慢踩下加速踏板和松开加速踏板，可以多次反复，用解码器测量节气门位置传感器两个信号的输出，看是否能随加速踏板的动作而正常变化。

1）62/1 节气门角度（电位计1）：保持87.10%不变（异常），正常值为15.62%→87.10%。

2）62/2 节气门角度（电位计2）：保持83.98%不变（异常），正常值为83.98%→12.10%。

3）62/3 踏板值传感器角度（电位计1）：14.84%→89.06%（正常）。

4）62/4 踏板值传感器角度（电位计2）：7.42%→44.92%（正常）。

通过以上数据流可以看出，加速踏板输出了正常的信号，而节气门位置传感器的信号异常，表现在以下两个方面：

1）节气门角度（电位计1）的信号始终维持在87.10%，而该数值相等于节气门角度（电位计1）在节气门最大开度时的最高标准信号。

2）节气门角度（电位计2）的信号始终维持在83.98%，而该数值相等于节气门角度（电位计1）在节气门最小开度时的最低标准信号。

这说明极有可能是节气门角度电位计的搭铁电路断路导致。可能故障原因为发动机控制单元J623与节气门体之间的电路故障。

解码器显示的数据流是通过换算以后显示的，因此显示的结果可能还与控制单元的换算是否正确有关，最好还是通过测量控制单元相应端子的输入电压来进一步确认故障范围。

第三步：测量节气门位置传感器的信号电压，验证故障码的真实性

打开点火开关，慢慢踩下加速踏板和松开加速踏板，可以多次反复，用解码器测量节气门位置传感器两个信号的输出，看是否能随加速踏板的动作而正常变化。

因为故障码已经说明传感器信号处于高位静态，所以利用万用表进行测量就可以了，而无须使用示波器测量传感器的信号电压。

打开点火开关，反复踩踏加速踏板，用万用表分别测量发动机控制单元T60/41、T60/24端子的搭铁电压，标准值为0~5V的反相互补线性变化。实际测量值为4.96V固定不变。实测结果异常，可能原因：

1）J623与传感器之间的电路故障。

2）传感器自身故障。

3）传感器负极电源电路故障。

第四步：检查G187、G188传感器信号端子电压，确定故障所在

打开点火开关，反复踩踏加速踏板，用万用表分别测量节气门位置传感器T6as/1和T6as/4端子的搭铁电压，标准值为0~5V的反相互补线性变化。实际测量值为4.96V固定不变。实测结果异常，可能原因：

1）传感器自身故障。

2）传感器负极电源电路故障。

第五步：检查传感器负极电源端子电压，确定故障所在

打开点火开关，用万用表测量传感器T6as/6端子的搭铁电压。在正常情况下，该端子的搭铁电压应为0，实测结果为5V参考电压，说明传感器T6as/6端子电压异常，可能原因为：

1）J623 与传感器之间电路故障。

2）J623 局部故障。

第六步：检查 J623 节气门位置传感器搭铁端子的搭铁电压，确定故障所在

打开点火开关，用万用表测量发动机控制单元 T60/44 端子的电压。标准值为搭铁电压，测试值为 0，实测结果正常。

传感器 T6as/6 端子的搭铁电压为 5V 参考电压，J623 节气门位置传感器搭铁端子的搭铁电压为 0，说明 J623 的 T60/44 的端子到节气门位置传感器 T6as/6 之间的线路断路。简易修复故障后，故障码清除。发动机起动后，怠速运转平稳正常，故障排除。

案例 3：喷油器正极电路断路造成发动机怠速不稳的故障检修

1. 故障现象

打开点火开关后，仪表显示无异常；着车后，发动机抖动，抖动与发动机转动同步；初次起动 20s 后，排气故障指示灯闪烁；再次起动，排气故障指示灯长亮。

2. 故障分析（图 3-3）

从理论上讲，造成发动机抖动的原因虽然很多，但不外乎有以下几种可能性：

图 3-3

1）发动机的动平衡性较差，造成发动机抖动。这种抖动随发动机转速的提高而加剧。

2）发动机各缸功率不平衡，造成发动机抖动。这种抖动的最大特点是抖动频率与发动机转速同步；

3）发动机动力不足，造成发动机抖动。这种抖动的最大特点是一旦加速抖动就消失。

因此在描述故障时，应尽可能把相关的现象描述清楚，以便尽快缩小故障范围。该故障的特点是抖动与发动机转速同步，说明极有可能是发动机缺缸造成的。可能原因为：

1）某气缸喷油器或其电路故障。

2）某气缸火花塞、点火单元或其电路故障。

3）某气缸密封性或进排气故障。

3. 诊断思路

如果有相关故障码提示，就按照故障码的提示进行诊断。如果没有相关故障码提示，则需要分析故障现象，读取相关的数据流和尾气排放数值，发现异常数据，实施诊断。

第一步：扫描网关，读取故障码

打开点火开关，用解码器扫描网关，读取故障码，发现有以下故障码：

1）00514：气缸 2 喷射阀 N31 电路电气故障。

2）00768：检测到不发火。

3）00770：气缸 2 检测到不发火。

通过以上故障码可以看出，是 2 缸喷油器或其电路故障造成发动机缺缸，可能原因为：

1）喷油器自身故障。

2）喷油器与发动机控制单元之间电路故障。

3）发动机控制单元自身故障。

第二步：读取相关数据组，以确定故障所在

注意：在有故障码提示时可以不用该步测试。

在发动机运行过程中，读取失火数（14/3、15/1、15/2、15/3、16/1）数据流：

1）14/3（失火计数器）：0→474（异常），标准为4→8。

2）15/1（气缸1计数器）：0（正常）。

3）15/2（气缸2计数器）：0→474（异常）。

4）15/3（气缸3计数器）：0（正常）。

5）16/1（气缸4计数器）：0（正常）。

通过以上数据流可以看出，是2缸喷油器或其电路故障造成发动机缺缸，可能原因为：

1）喷油器自身故障；

2）喷油器与发动机控制单元之间的电路故障。

3）发动机控制单元自身故障。

4）2缸点火系统故障造成2缸喷油器中断燃油喷射。

第三步：对喷油器进行执行元件诊断测试，以确定故障所在

注意：在不采用读取故障码而采用数据流的情况下需要进行该步测试。

打开点火开关，用解码器进行执行元件诊断测试，发现2缸喷油器不动作，其他缸喷油器工作正常。说明2缸喷油器的确不能正常工作，可能原因为：

1）喷油器自身故障。

2）喷油器与发动机控制单元之间电路故障。

3）发动机控制单元自身故障。

第四步：测量2缸喷油器的驱动信号，确定故障所在

注意：迈腾TSI发动机的喷油器采用的是双源控制，即喷油器的正极和负极同时进行控制，因此要想测量能正确反映喷油器工作状况的驱动信号波形，最好是将示波器的负极检测探针连接到喷油器负极信号线上；将示波器的正极检测探针连接到喷油器的正极信号线上。

起动发动机时，用示波器测量喷油器 T8y/3、T8y/4 端子之间的信号波形。在正常情况下，应可以检测到类似图3-4的波形。

喷油器控制原理：当发动机控制单元决定喷油时，一方面给喷油器搭铁控制端提供合适的搭铁时间，同时通过正极控制端提供两次高压电流脉冲：第一次用40V开关控制电路将针阀拉开；第二次用14V开关控制电路维持针阀的开启。喷油结束时，控制单元将搭铁切断。由于电流减小，会感应出两次反向电动势。

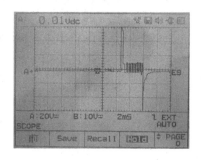

图 3-4

注意：通过图 3-5 可以看出，1 缸和 4 缸、2 缸和 3 缸分别合同一套 14～40V 的升压电路。也就是说，在发动机运行过程中，每个气缸工作一次，喷油器正极端子会检测到两个高压脉冲；但只有一次高压脉冲可以形成回路，促使喷油器工作。

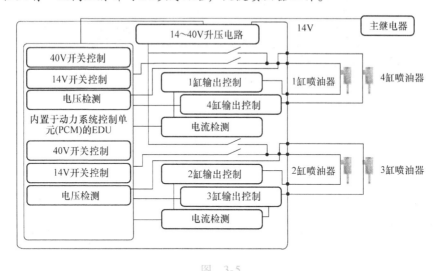

图 3-5

实测结果喷油器波形始终为一条直线（电压幅值为 0），说明喷油器两端没有电压降。可能原因为：

1) 发动机控制单元存在故障，未发出控制信号。

2) 发动机控制单元与喷油器之间的电路存在断路故障。

3) 喷油器自身断路故障。

第五步：测量 2 缸喷油器正极电路对搭铁波形（过渡插头 T8y/3）

起动发动机时，用示波器测量喷油器过渡插头 T8y/3 端子的对搭铁波形。在正常情况下，应可以检测到类似图 3-6 的波形。实测结果为喷油器波形始终为一条直线（电压为 0），说明喷油器没有得到正极电源供给。可能原因为：

1) 发动机控制单元存在故障，未发出正极控制信号。

2) 发动机控制单元 T60/47 与喷油器 T8y/3 之间的电路存在断路故障。

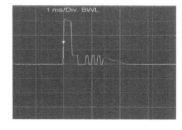

图 3-6

第六步：测量 2 缸喷油器正极电路对搭铁波形（控制单元 T60/47#）

起动发动机时，用示波器测量控制单元 T60/47 端子对搭铁波形。在正常情况下，应可以检测到类似图 3-7a 所示的波形。实际测得图 3-7b 所示的波形，说明 J623 正常发出高压信号。但喷油器正极端过渡插头没有收到，说明导线之间存在断路。检修电路后，故障排除，发动机性能恢复正常。

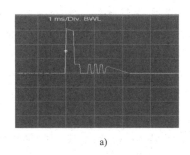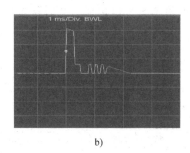

a)   b)

图   3-7

案例4：喷油器正极电路虚接造成发动机怠速抖动的故障检修

1. 故障现象

打开点火开关后，仪表显示无异常；着车后，发动机抖动，抖动与发动机转动同步；初次起动20s后，排气故障指示灯闪烁；再次起动，排气故障指示灯长亮。

2. 故障分析（图3-8）

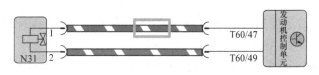

图   3-8

从理论上讲，造成发动机抖动的原因虽然很多，但不外乎有以下几种可能性：

1）发动机的动平衡性较差，造成发动机抖动。这种抖动随发动机转速的提高而加剧。

2）发动机各缸功率不平衡，造成发动机抖动。这种抖动的最大特点是抖动频率与发动机转速同步。

3）发动机动力不足，造成发动机抖动。这种抖动的最大特点是一旦加速抖动就消失。

因此在描述故障时，应尽可能把相关的现象描述清楚，以便尽快缩小故障范围。该故障的特点是抖动与发动机转速同步，说明极有可能是发动机缺缸造成的，可能原因为：

1）某气缸喷油器或其电路故障。

2）某气缸火花塞、点火单元或其电路故障。

3）某气缸密封性或进排气故障。

3. 诊断思路

如果有相关故障码提示，就按照故障码的提示进行诊断。如果没有相关故障码提示，则需要分析故障现象，读取相关的数据流和尾气排放数值，发现异常数据，实施诊断。

第一步：扫描网关，读取故障码

打开点火开关，用解码器扫描网关，读取故障码，发现有以下故障码：

1）00514：气缸2喷射阀N31电路电气故障。

2）00768：检测到不发火。

3）00770：气缸2检测到不发火。

从以上故障码可以看出，是2缸喷油器或其电路故障造成发动机缺缸，可能原因为：

1）喷油器自身故障。

2）喷油器与发动机控制单元之间的电路故障。

3）发动机控制单元自身故障。

第二步：读取相关数据组，以确定故障所在

注意：在有故障码提示时可以不用该步测试。

在发动机运行过程中，读取失火数（14/3、15/1、15/2、15/3、16/1）数据流：

1）14/3（失火计数器）：0→474（异常），标准为4→8。

2）15/1（气缸1计数器）：0（正常）。

3）15/2（气缸2计数器）：0→474（异常）。

4）15/3（气缸3计数器）：0（正常）。

5）16/1（气缸4计数器）：0（正常）。

从以上数据流可以看出，是2缸喷油器或其电路故障造成发动机缺缸，可能原因为：

1）喷油器自身故障。

2）喷油器与发动机控制单元之间的电路故障。

3）发动机控制单元自身故障。

4）2缸点火系统故障造成2缸喷油器中断燃油喷射。

第三步：对喷油器进行执行元件诊断测试，以确定故障所在

注意：在不采用读取故障码而采用数据流的情况下需要进行该步测试。

打开点火开关，用解码器进行执行元件诊断测试，发现2缸喷油器不动作，其他缸喷油器工作正常。说明2缸喷油器的确不能正常工作，可能原因为：

1）喷油器自身故障。

2）喷油器与发动机控制单元之间的电路故障。

3）发动机控制单元自身故障。

第四步：测量2缸喷油器的驱动信号，确定故障所在

注意：迈腾TSI发动机的喷油器采用的是双源控制，即喷油器的正极和负极同时进行控制。因此要想测量能正确反映喷油器工作状况的驱动信号波形，最好是将示波器的负极检测探针连接到喷油器负极上，将示波器的正极检测探针连接到喷油器的正极上。

起动发动机时，用示波器测量喷油器T8y/3、T8y/4端子之间的信号波形。在正常情况下，应可以检测到类似图3-9a所示的波形。

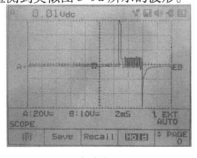 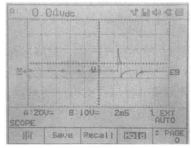

a) 标准波形　　　　　　　　　　b) 实测波形

图 3-9

喷油器控制原理：当发动机控制单元决定喷油时，一方面给喷油器搭铁控制端提供合适的搭铁时间，同时通过正极控制端提供两次高压电流脉冲：第一次用40V开关控制电路将针阀拉开；第二次用14V开关控制电路维持针阀的开启。喷油结束时，控制单元将搭铁切断。由于电流减小，会感应出两次反向电动势。

注意：通过图3-10可以看出，1缸和4缸、2缸和3缸分别合同一套14～40V的升压电路。也就是说，在发动机运行过程中，每个气缸工作一次，喷油器正极端子会检测到两个高压脉冲；但只有一次高压脉冲可以形成回路，促使喷油器工作。

实测结果为图3-9b所示的波形。说明喷油器两端的电压下降了，整个电路存在电压降。针对该结论的说明如下：发动机控制单元向喷油器发出稳定的电压信号，但喷油器驱动器实质是一个电感元件，在通电的过程中会产生反向电动势。最初阶段电路电流几乎为0，虚接电阻几乎没有分压，所以喷油器两端还可以检测到最初的高压；随着时间的延长，反向电动势越来越低，电路中的电流越来越大，虚接电阻的分压也越来越高，导致喷油器两端的电压逐渐下降；当反向电动势降低为0时，电路中的电流趋于稳定，虚接电阻的分压也固定下来，喷油器两端的电压也就可以保持一个稳定的状态。当发动机控制单元中断电压输出时，电路中的电流突然降低为0，喷油器内的线圈会产生与之前相位相反的反向电动势。随着时间的延长，反向电动势越来越小。因为喷油器第一次通电的时间很短，所以充电电流还没有饱和时发动机控制单元就转入第二种通电模式；喷油器不能有效打开，也就不能喷射出燃油。

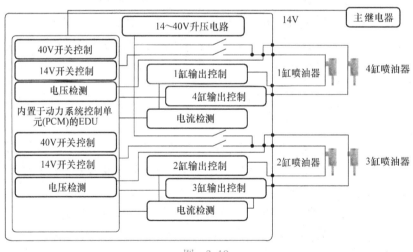

图 3-10

可能原因为：

1）发动机控制单元存在故障，造成电路虚接。

2）发动机控制单元与喷油器之间的电路存在虚接故障。

第五步：测量喷油器与发动机控制单元之间电路的电阻是否符合要求

有两种方法：一是用测量电路两端电压降的方法来判定电路虚接；二是测量电路两端的电阻来判定电路虚接。

方法一：在起动发动机过程中，用万用表测量发动机控制单元T60/47与喷油器T8y/3之间、发动机控制单元T60/49与喷油器T8y/4之间的电压，在正常情况下应小于0.1V。实测结果为发动机控制单元 T60/47 与喷油器 T8y/3 之间从 0 逐步提高到 7.2V，然后再重复，说明发动机控制单元 T60/47 与喷油器 T8y/3 之间存在电阻。

方法二：关闭点火开关，必要时断开蓄电池负极，拔下发动机控制单元连接器和喷油器连接器，用万用表测量发动机控制单元 T60/47 与喷油器 T8y/3 之间、发动机控制单元 T60/47 与喷油器 T8y/3 之间的电阻，在正常情况下应小于 0.5Ω。实测结果：发动机控制单元 T60/47 与喷油器 T8y/3 之间的电阻为 3Ω。

检修电路后，系统恢复正常。

案例 5：喷油器负极电路虚接造成发动机怠速抖动的故障检修

1. 故障现象

打开点火开关后，仪表显示无异常；着车后，发动机抖动，抖动与发动机转动同步；初次起动 20s 后，排气故障指示灯闪烁；再次起动，排气故障指示灯长亮。

2. 故障分析（图 3-11）

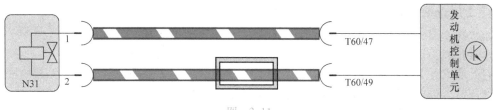

图 3-11

从理论上讲，造成发动机抖动的原因虽然很多，但不外乎有以下几种可能性：

1）发动机的动平衡性较差，造成发动机抖动。这种抖动随发动机转速的提高而加剧。

2）发动机各缸功率不平衡，造成发动机抖动。这种抖动的最大特点是抖动频率与发动机转速同步。

3）发动机动力不足，造成发动机抖动。这种抖动的最大特点是一旦加速抖动就消失。

因此在描述故障时，应尽可能把相关的现象描述清楚，以便尽快缩小故障范围。该故障的特点是抖动与发动机转速同步，说明极有可能是发动机缺缸造成的，可能原因为：

1）某气缸喷油器或其电路故障。

2）某气缸火花塞、点火单元或其电路故障。

3）某气缸密封性或进排气故障。

3. 诊断思路

如果有相关故障码提示，就按照故障码的提示进行诊断。如果没有相关故障码提示，则需要分析故障现象，读取相关的数据流和尾气排放数值，发现异常数据，实施诊断。

第一步：扫描网关，读取故障码

打开点火开关，用解码器扫描网关，读取故障码，发现有以下故障码：

1）00514：气缸 2 喷射阀 N31 电路电气故障。

2）00768：检测到不发火。

3）00770：气缸 2 检测到不发火。

通过以上故障码可以看出，是 2 缸喷油器或其电路故障造成发动机缺缸，可能原因为：

1）喷油器自身故障。

2）喷油器与发动机控制单元之间电路故障。

3）发动机控制单元自身故障。

第二步：读取相关数据组，以确定故障所在

注意：在有故障码提示时可以不用该步测试。

在发动机运行过程中，读取失火数（14/3、15/1、15/2、15/3、16/1）数据流：

1）14/3（失火计数器）：0→474（异常），标准为4→8。

2）15/1（气缸1计数器）：0（正常）。

3）15/2（气缸2计数器）：0→474（异常）。

4）15/3（气缸3计数器）：0（正常）。

5）16/1（气缸4计数器）：0（正常）。

通过以上数据流可以看出，是2缸喷油器或其电路故障造成发动机缺缸，可能原因为：

1）喷油器自身故障。

2）喷油器与发动机控制单元之间的电路故障。

3）发动机控制单元自身故障。

4）2缸点火系统故障造成2缸喷油器中断燃油喷射。

第三步：对喷油器进行执行元件诊断测试，以确定故障所在

注意：在不采用读取故障码而采用数据流的情况下需要进行该步测试。

打开点火开关，用解码器进行执行元件诊断测试，发现2缸喷油器不动作，其他缸喷油器工作正常。说明2缸喷油器的确不能正常工作，可能原因为：

1）喷油器自身故障。

2）喷油器与发动机控制单元之间的电路故障。

3）发动机控制单元自身故障。

第四步：测量2缸喷油器的驱动信号，确定故障所在

注意：迈腾TSI发动机的喷油器采用的双源控制，即喷油器的正极和负极同时进行控制。因此要想测量能正确反映喷油器工作状况的驱动信号波形，最好是将示波器的负极检测探针连接到喷油器负极上，将示波器的正极检测探针连接到喷油器的正极上。

起动发动机时，用示波器测量喷油器T8y/3、T8y/4端子之间的信号波形。在正常情况下，应可以检测到类似图3-12a的波形。

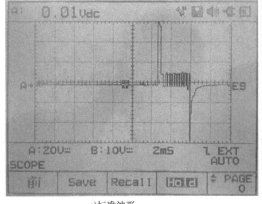

a)标准波形　　　　　　　　　　　b)实测波形

图　3-12

喷油器控制原理：当发动机控制单元决定喷油时，给喷油器搭铁控制端提供合适的搭铁时间，同时通过正极控制端提供两次高压电流脉冲：第一次用 40V 开关控制电路将针阀拉开；第二次用 14V 开关控制电路维持针阀的开启。喷油结束时，控制单元将搭铁切断。由于电流减小，会感应出两次反向电动势。

注意：通过图 3-13 可以看出，1 缸和 4 缸、2 缸和 3 缸分别合同一套 14～40V 的升压电路。也就是说，在发动机运行过程中，每个气缸工作一次，喷油器正极端子会检测到两个高压脉冲。但只有一次高压脉冲可以形成回路，促使喷油器工作。

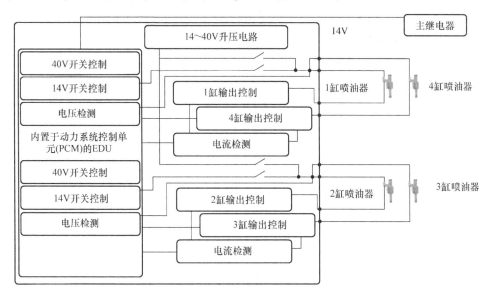

图 3-13

实测结果为图 3-12b 所示的波形，波形说明喷油器两端的电压下降了，整个电路存在电压降。针对该结论的说明如下：发动机控制单元向喷油器发出稳定的电压信号，但喷油器驱动器实质是一个电感元件，在通电的过程中会产生反向电动势，最初阶段电路电流几乎为 0，虚接电阻几乎没有分压，因此喷油器两端还可以检测到最初的高压。随着时间的延长，反向电动势越来越低，电路中的电流越来越大，虚接电阻的分压也越来越高，导致喷油器两端的电压逐渐下降。当反向电动势降低为 0 时，电路中的电流趋于稳定，虚接电阻的分压也固定下来，喷油器两端的电压也就可以保持一个稳定的状态。当发动机控制单元中断电压输出时，电路中的电流突然降低为 0，喷油器内的线圈会产生与之前相位相反的反向电动势。随着时间的延长，反向电动势越来越小。因为喷油器第一次通电的时间很短，所以充电电流还没有饱和时发动机控制单元就转入第二种通电模式。喷油器不能有效打开，也就不能喷射出燃油。

可能原因为：

1）发动机控制单元存在故障，造成电路虚接。

2）发动机控制单元与喷油器之间的电路存在虚接故障。

第五步：测量喷油器与发动机控制单元之间电路的电阻是否符合要求

有两种方法：一是测量电路两端电压降的方法来判定电路虚接；二是测量电路两端的电

阻来判定电路虚接。

方法一：在起动发动机过程中，用万用表测量发动机控制单元 T60/47 与喷油器 T8y/3 之间、发动机控制单元 T60/49 与喷油器 T8y/4 之间的电压。在正常情况下应小于 0.1V，实测结果为发动机控制单元 T60/49 与喷油器 T8y/4 从 0 逐步提高到 7.2V，然后再重复。这说明发动机控制单元 T60/49 与喷油器 T8y/4 之间存在电阻。

方法二：关闭点火开关，必要时断开蓄电池负极，拔下发动机控制单元连接器和喷油器的连接器，用万用表测量发动机控制单元 T60/47 与喷油器 T8y/3 之间、发动机控制单元 T60/49 与喷油器 T8y/4 之间的电阻，在正常情况下应小于 0.5Ω。实测结果：发动机控制单元 T60/49 与喷油器 T8y/4 之间的电阻为 3Ω。

检修电路后，系统恢复正常。

案例 6：喷油器负极电路断路造成发动机怠速不稳的故障检修

1. 故障现象

打开点火开关后，仪表显示无异常；着车后，发动机抖动，抖动与发动机转动同步；初次起动 20s 后，排气故障指示灯闪烁；再次起动，排气故障指示灯长亮。

2. 故障分析（图 3-14）

从理论上讲，造成发动机抖动的原因虽然很多，但不外乎有以下几种可能性：

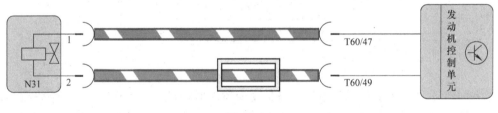

图 3-14

1）发动机的动平衡性较差，造成发动机抖动。这种抖动随发动机转速的提高而加剧。

2）发动机各缸功率不平衡，造成发动机抖动。这种抖动的最大特点是抖动频率与发动机转速同步。

3）发动机动力不足，造成发动机抖动。这种抖动的最大特点是一旦加速抖动就消失。

因此在描述故障时，应尽可能把相关的现象描述清楚，以便尽快缩小故障范围。该故障的特点是抖动与发动机转速同步，说明极有可能是发动机缺缸造成的，可能原因为：

1）某气缸喷油器或其电路故障。

2）某气缸火花塞、点火单元或其电路故障。

3）某气缸密封性或进排气故障。

3. 诊断思路

如果有相关故障码提示，就按照故障码的提示进行诊断。如果没有相关故障码提示，则需要分析故障现象，读取相关的数据流和尾气排放数值，发现异常数据，实施诊断。

第一步：扫描网关，读取故障码

打开点火开关，用解码器扫描网关，读取故障码，发现有以下故障码：

1）00514：气缸 2 喷射阀 – N31 电路电气故障。

2）00768：检测到不发火。

3）00770：气缸 2 检测到不发火。

通过以上故障码可以看出，是 2 缸喷油器或其电路故障造成发动机缺缸，可能原因为：

1）喷油器自身故障。

2）喷油器与发动机控制单元之间电路的故障。

3）发动机控制单元自身故障。

第二步：读取相关数据组，以确定故障所在

注意：在有故障码提示时可以不用该步测试。

在发动机运行过程中，读取失火数（14/3、15/1、15/2、15/3、16/1）数据流：

1）14/3（失火计数器）：　0→474（异常），标准为 4→8。

2）15/1（气缸 1 计数器）：0（正常）。

3）15/2（气缸 2 计数器）：0→474（异常）。

4）15/3（气缸 3 计数器）：0（正常）。

5）16/1（气缸 4 计数器）：0（正常）。

通过以上数据流可以看出，是 2 缸喷油器或其电路故障造成发动机缺缸，可能原因为：

1）喷油器自身故障。

2）喷油器与发动机控制单元之间电路故障。

3）发动机控制单元自身故障。

4）2 缸点火系统故障造成 2 缸喷油器中断燃油喷射。

第三步：对喷油器进行执行元件诊断测试，以确定故障所在

注意：在不采用读取故障码而采用数据流的情况下需要进行该步测试。

打开点火开关，用解码器进行执行元件诊断测试，发现 2 缸喷油器不动作，其他缸喷油器工作正常。说明 2 缸喷油器的确不能正常工作，可能原因为：

1）喷油器自身故障。

2）喷油器与发动机控制单元之间电路故障。

3）发动机控制单元自身故障。

第四步：测量 2 缸喷油器的驱动信号，确定故障所在

注意：迈腾 TSI 发动机的喷油器采用的是双源控制，即喷油器的正极和负极同时进行控制。因此要想测量能正确反映喷油器工作状况的驱动信号波形，最好是将示波器的负极检测探针连接到喷油器负极上，将示波器的正极检测探针连接到喷油器的正极上。

起动发动机时，用示波器测量喷油器 T8y/3、T8y/4 端子之间的信号波形。在正常情况下，应可以检测到类似图 3-15 所示的波形。

喷油器控制原理：当发动机控制单元决定喷油时，给喷油器搭铁控制端提供合适的搭铁时间，同时通过正极控制端提供两次高压电流脉冲：第一次用 40V 开关控制电路将针阀拉开，第二次用 14V 开关控制电路维持针阀的开启。喷油结束时，控制单元将搭铁切断。由于电流减小，会感应出两次反向电动势。

注意：通过图 3-16 可以看出，1 缸和 4 缸、2 缸和 3 缸分别合同一套 14～40V 的升压电路。也就是说，在发动机运行过程中，每个气缸工作一次，喷油器正极端子会检测到两个高压脉冲。但只有一次高压脉冲可以形成回路，促使喷油器工作。

实测结果喷油器波形始终为一条直线（电压为 0），说明喷油器两端没有电压降。可能原因为：

1）发动机控制单元存在故障，未发出控制信号。

2）发动机控制单元与喷油器之间电路存在断路故障。

3）喷油器自身断路故障。

第五步：测量 2 缸喷油器正极电路对地波形（过渡插头 T8y/3）

起动发动机时，用示波器测量喷油器过渡插头 T8y/3 端子对搭铁波形。在正常情况下，应可以检测到类似图 3-17a 所示的波形。实测结果喷油器波形为图 3-17b，实测结果正常。

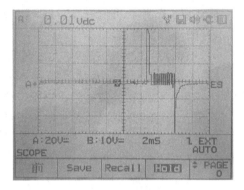

图　3-15

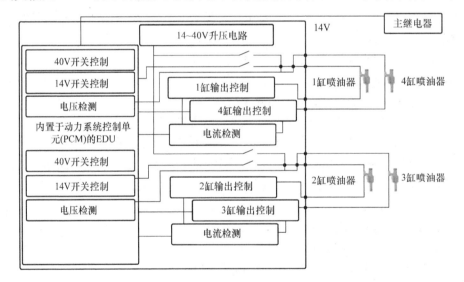

图　3-16

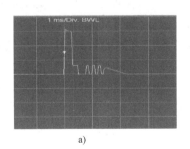
a)

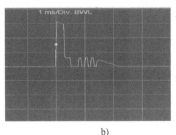
b)

图　3-17

喷油器没有得到负极电源供给，可能原因为：

1）发动机控制单元存在故障，未发出负极控制信号。

2）发动机控制单元 T60/49 与喷油器 T8y/4 之间的电路存在断路故障。

第六步：测量 2 缸喷油器负极电路对搭铁波形（控制单元 T60/49#）

起动发动机时，用示波器测量控制单元 T60/47 端子对搭铁波形。在正常情况下，应可以检测到类似图 3-18a 的波形。实际测得图 3-18b 的波形，说明 J623 正常发出高压信号，但喷油器正极端过渡插头没有收到，说明导线之间存在断路。检修电路后故障排除，发动机性能恢复正常。

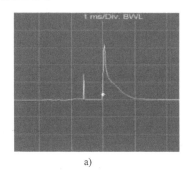

a)

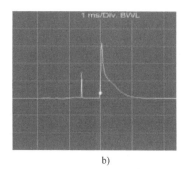

b)

图　3-18

竞赛试题四：
发动机加速不良的故障检修

建议：教师在引用本案例时，结合迈腾发动机交互式教学系统，在以下电路或元器件上设置单个故障点，仔细验证，安排学生完成工作页的所有内容。

附表：故障设置建议见表（请教师通过实验进行验证）。

序号	故障部位	故障性质	故障现象
1	加速踏板传感器故障	电路、器件故障	加速不良，加速到1600r/min时无法加速，同时伴随抖动
2	节气门位置传感器故障	电路、器件故障	
3	发动机部件供电继电器故障	电路、器件故障	加速不良，加速到3000r/min时无法加速
4	燃油压力调节阀故障	电路、器件故障、SB17下游电路搭铁短路	起动和急速运行正常加速到2800r/min时无法加速
5	燃油油轨压力传感器电路故障	电路、器件故障	

案例1：N316管路接反造成进气歧管翻板控制紊乱的故障检修

进气通道面积可变控制技术主要是在发动机高速、大负荷的时候才起作用，因此在车间或实验室很难模拟出故障工况，只能通过客户报修的方式来安排实训考核。故障现象不明显，但会出现故障码提示。

1. 故障现象

某迈腾1.8TSI轿车，原地加速约30s后，发动机偶发瞬间轻微抖动。

2. 诊断思路（图4-1）

（1）读取故障码

08213：进气歧管风门位置/运行控制传感器不可信信号。

根据故障码分析，说明J623接收到的信号不符合逻辑，可能原因：

1）传感器及其电路可能损坏。

2）翻板及驱动机构可能存在故障。

3）发动机控制单元损坏。

根据系统工作原理，在高转速/大负荷工况下，J623控制N316进气管风门控制阀，进而控制进气翻版真空膜盒，拉动进气翻板转轴及翻板进行转动，以增大进气通道面积，提高发动机高转速/大负荷工况下的运行性能。

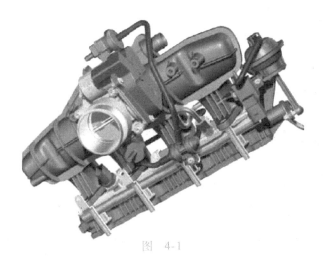

图 4-1

（2）读取相关数据组

测量数据组 01—143—3 或 01—142—1 增压移动板实际位置（怠速—3000r/min 以上—怠速）：实测值 0.78%（如果诊断前曾经加速，就检测不到最低值）—100%（未回位，异常）；标准值 0%（关闭）—100%（打开）—0%（关闭）。

通过数据流发现：翻板正常打开后不能关闭，始终保持在最大位置，可能原因：

1）传感器或其翻板轴卡死。

2）电磁阀及其控制电路故障。

（3）检查与真空膜盒连接的拉杆或转轴的位置

确认处于最大位置，可能原因为真空无法释放。

（4）拔掉电磁阀和真空单元之间的真空软管，观察拉杆或转轴的位置变化

发现可以正常复位，说明电磁阀没有正常切换，可能原因为：

1）电磁阀自身故障。

2）真空管路故障。

3）J623 发出错误的控制信号。

（5）检查 N316

用解码器进行执行元件诊断，同时接通发动机真空源检查电磁阀内部的管路切换是否正常。经检查发现切换正常，说明故障可能为：

1）真空管路故障（根据原理检查连接是否正确）。

2）J623 发出错误的控制信号（检查驱动信号波形来分析）。

注意：以上两步不分先后。

经检查，N316 上的两条管路接反。

案例 2：节气门电动机控制电路虚接造成发动机加速不良的故障检修

1. 故障现象

起动后仪表板上的 EPC 灯长亮；加速时，发动机转速不能达到 1800r/min；大约 20s 后尾气排放故障指示灯闪烁；再次起动后，排气故障指示灯长亮（也可以描述为"起动后排

气故障指示灯长亮")。

2. 故障分析（图4-2）

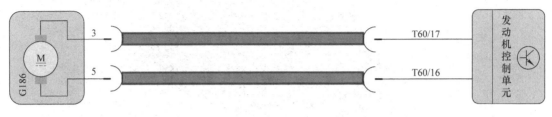

图 4-2

发动机怠速基本正常，而在加速时转速不能超过 1800r/min，说明在加速过程中发动机功率不能跟进。这与加速时的混合气的质或量以及燃烧效果不合要求有关，可能故障原因为：

1）进气量没有随加速而增大。

2）喷油量没有随加速而增大。

3）点火系统故障。

3. 诊断思路

第一步：扫描网关，读取故障码

打开点火开关，用解码器读取故障码，发现有以下故障码：

1）05445：节气门控制功能失效。

2）05464：EPV 节气门驱动电动机 G186 电路电气故障。

3）08454：节气门控制单元 J338 由于系统故障功率受限。

通过以上故障码可以看出，发动机控制单元 J623 无法控制节气门驱动电动机 G186 的运行，而这也会造成发动机无法加速，因此可以围绕该故障码反映的故障可能进行诊断。

第二步：读取节气门位置传感器的数据值，验证故障码的真实性

打开点火开关，慢慢踩下加速踏板和松开加速踏板，可以多次反复，用解码器测量节气门位置传感器两个信号的输出，看是否能随加速踏板的动作而正常变化。

1）01-62/1：节气门角度（电位计1）保持 16.01% 不变。

2）01-62/2：节气门角度（电位计2）保持 83.59% 不变。

3）01-62/3：踏板值传感器角度（电位计1）为 14.84%→80.46%。

4）01-62/4：踏板值传感器角度（电位计2）为 7.42%→40.23%。

通过以上数据流可以看出，加速踏板输出了正常的信号，而节气门并没有相应转动，可能故障原因为：

1）节气门驱动电动机 G186 故障。

2）发动机控制单元 J623 与节气门驱动电动机 G186 之间的电路故障。

3）发动机控制单元 J623 故障。

第三步：测量节气门电动机的驱动信号

打开点火开关，慢慢踩下加速踏板和松开加速踏板，可以多次反复，用示波器测量节气门体上电气连接器 T6as/5、T6as/3 之间的相对信号波形。在正常情况下，发动机控制单元 J623 会发出 0 到 +B 之间的方波脉冲信号，以驱动节气门电动机的运行。标准波形（节气

门打开时）如图4-3a所示，借以判断故障所在。

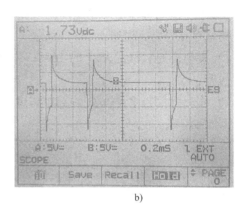

图　4-3

注意：在节气门打开的过程中，发动机控制单元通过节气门体上的电气连接器T6as/5端子向驱动电动机提供蓄电池正极稳态电压，通过T6as/3端子向驱动电动机提供脉冲搭铁信号，以此驱动节气门打开；而在节气门关闭的过程中，发动机控制单元通过节气门体上的电气连接器T6as/5端子向驱动电动机提供蓄电池负极稳态电压，通过T6as/3端子向驱动电动机提供脉冲电源信号，以此驱动节气门关闭。如果知道以上控制理论，也可以在节气门打开的时候，测量T6as/3端子对搭铁的信号波形，同样可以反映控制过程，但波形会有所不同。

实测结果如图4-3b所示（节气门打开时）。通过比对，发现信号波形异常，可能原因为节气门电动机驱动线路有虚接的故障，但无法确定是哪根线。

说明：发动机控制单元输出稳定的电压信号，但节气门驱动电动机实质是一个电感元件，在通电的过程中会产生反向电动势，最初阶段电路电流几乎为0，虚接电阻几乎没有分压，所以电动机两端还可以检测到+B电压；随着时间的延长，反向电动势越来越低，电路中的电流越来越大，虚接电阻的分压也越来越高，导致电动机两端的电压逐渐下降；当反向电动势降低为0时，电路中的电流趋于稳定，虚接电阻的分压也固定下来，电动机两端的电压也就可以保持在一个稳定的状态；当发动机控制单元中断电压输出时，电路中的电流突然降低为0，电动机内的线圈会产生与之前相位相反的反向电动势，随着时间的延长，反向电动势越来越小。

第四步：分别测量节气门电动机Tas/3、Tas/5端子对搭铁波形

打开点火开关，慢慢踩下加速踏板和松开加速踏板，可以多次反复，用示波器分别测量节气门体上电气连接器T6as/3、T6as/5两个端子的对搭铁信号的波形。在正常情况下，T6as/5端子搭铁电压为蓄电池正极电压，T6as/3端子应可以检测到0和蓄电池正极电压之间的方波脉冲信号。

注意：可能很难有资料能明确T6as/3、T6as/5两个端子的定义，如果不能确定，则可以采用模糊表述，例如一个端子为蓄电池正极电压，另外一个端子为0和蓄电池正极电压之间的方波脉冲电压。也可以测量另外一个运行正常的同类型车辆获得端子定义。

实测结果：Tas/5 在打开点火开关时，有 0→＋B 的切换过程（如图 4-4a 所示），说明 Tas/5 端子和发动机控制单元之间的线路基本正常；而 Tas/3 端子对搭铁波形如图 4-4b 所示，明显存在异常，说明：

1）发动机控制单元 J623 的 T60/17 与节气门驱动电动机 G186 的 Tas/3 之间的电路存在虚接故障。

2）发动机控制单元 J623 内部电路虚接。

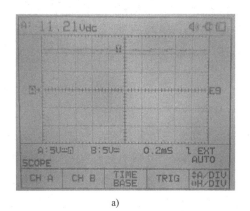
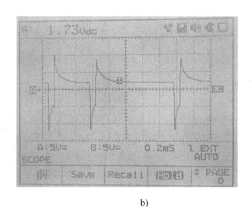

a)   b)

图　4-4

第五步：测量 J623 的 T60/17 端子对搭铁波形

打开点火开关，慢慢踩下加速踏板和松开加速踏板，可以多次反复，用示波器分别测量发动机控制单元电气连接器 T60/17 端子的对搭铁信号波形。在正常情况下，T60/17 端子应可以检测到 0 和蓄电池正极电压之间的方波脉冲信号。

实测结果：波形正常（图 4-5）。结合上步实测结果，说明节气门电动机 T6as/3 端子到控制单元 T60/17 端子之间的线路虚接。检修电路后，故障排除。

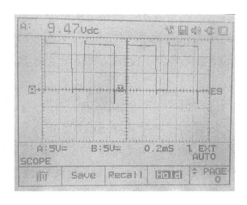

图　4-5

案例3：节气门电动机控制电路虚接
造成发动机加速不良的故障检修

1. 故障现象

起动后，仪表板上的 EPC 灯长亮；加速时，发动机转速不能达到 1800r/min；大约 20s 后，尾气排放故障指示灯闪烁；再次起动后，排气故障指示灯长亮（也可以描述为"起动后排气故障指示灯长亮"）。

2. 故障分析（图 4-6）

图 4-6

发动机怠速基本正常，而在加速时转速不能超过 1800r/min，说明在加速过程中发动机功率不能跟进。这与加速时的混合气的质或量以及燃烧效果不合要求有关，可能故障原因为：

1）进气量没有随加速而增大。

2）喷油量没有随加速而增大。

3）点火系统故障。

3. 诊断思路

第一步：扫描网关，读取故障码

打开点火开关，用解码器读取故障码，发现有以下故障码：

1）05445：节气门控制功能失效

2）05464：EPV 节气门驱动电动机 G186 电路电气故障。

3）08454：节气门控制单元 J338 由于系统故障功率受限。

通过以上故障码可以看出，发动机控制单元 J623 无法控制节气门驱动电动机 G186 的运行，而这也会造成发动机无法加速，因此可以围绕该故障码反映的故障可能进行诊断。

第二步：读取节气门位置传感器的数据值，验证故障码的真实性

打开点火开关，慢慢踩下加速踏板和松开加速踏板，可以多次反复，用解码器测量节气门位置传感器两个信号的输出，看是否能随加速踏板的动作而正常变化。

1）01－62/1：节气门角度（电位计1）保持 16.01% 不变。

2）01－62/2：节气门角度（电位计2）保持 83.59% 不变。

3）01－62/3：踏板值传感器角度（电位计1）为 14.84%→80.46%。

4）01－62/4：踏板值传感器角度（电位计2）为 7.42%→40.23%。

通过以上数据流可以看出，加速踏板输出了正常的信号，而节气门并没有相应转动，可能故障原因为：

1）节气门驱动电动机 G186 故障。

2）发动机控制单元 J623 与节气门驱动电动机 G186 之间的电路故障。

3）发动机控制单元 J623 故障。

第三步：测量节气门电动机的驱动信号

打开点火开关，慢慢踩下加速踏板和松开加速踏板，可以多次反复，用示波器测量节气门体上电气连接器 T6as/5、T6as/3 之间的相对信号波形。在正常情况下，发动机控制单元 J623 会发出 0 到 +B 之间的方波脉冲信号，以驱动节气门电动机的运行。其标准波形如图 4-7a 所示，借以判断故障所在。

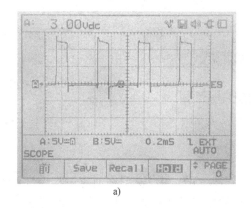
a)

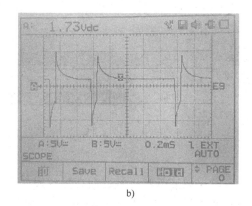
b)

图 4-7

注意：在节气门打开的过程中，发动机控制单元通过节气门体上的电气连接器 T6as/5 端子向驱动电动机提供蓄电池正极稳态电压，通过 T6as/3 端子向驱动电动机提供脉冲搭铁信号，以此驱动节气门打开；而在节气门关闭的过程中，发动机控制单元通过节气门体上的电气连接器 T6as/5 端子向驱动电动机提供蓄电池负极稳态电压，通过 T6as/3 端子向驱动电动机提供脉冲电源信号，以此驱动节气门关闭。如果知道以上控制理论，则也可以在节气门打开的时候，测量 T6as/3 端子对搭铁的信号波形，同样可以反映控制过程，但波形会有所不同。

实测结果如图 4-7b 所示。通过比对，发现信号波形异常，可能原因为节气门电动机驱动线路有虚接的故障，但无法确定是哪根线。

说明：发动机控制单元输出稳定的电压信号，但节气门驱动电动机实质是一个电感元件，在通电的过程中会产生反向电动势，最初阶段电路电流几乎为 0，虚接电阻几乎没有分压，所以电动机两端还可以检测到 +B 电压；随着时间的延长，反向电动势越来越低，电路中的电流越来越大，虚接电阻的分压也越来越高，导致电动机两端的电压逐渐下降；当反向电动势降低为 0，电路中的电流趋于稳定，虚接电阻的分压也固定下来，电动机两端的电压也就可以保持一个稳定的状态；当发动机控制单元中断电压输出时，电路中的电流突然降低为 0，电动机内的线圈会产生与之前相位相反的反向电动势，随着时间的延长，反向电动势越来越小。

第四步：分别测量节气门电动机 Tas/3、Tas/5 端子对搭铁波形

打开点火开关，慢慢踩下加速踏板和松开加速踏板，可以多次反复，用示波器分别测量节气门体上电气连接器 T6as/3、T6as/5 两个端子的对搭铁的信号的波形。在正常情况下，

T6as/5 端子的搭铁电压为蓄电池正极电压，T6as/3 端子应可以检测到 0 和蓄电池正极电压之间的方波脉冲信号。

注意：可能很难有资料能明确 T6as/3、T6as/5 两个端子的定义。如果不能确定，则可以采用模糊表述，例如一个端子为蓄电池正极电压，另外一个端子为 0 和蓄电池正极电压之间的方波脉冲电压。也可以通过测量另外一个运行正常的同类型车辆获得端子定义。

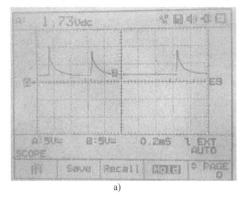
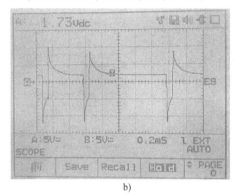

图 4-8

实测结果：Tas/5 在打开点火开关时，有 0→ +B 的切换过程，但随之慢慢下降，直至达到稳定，周而复始，Tas/5 对地波形（需要实验）如图 4-8a 所示，说明 Tas/5 端子和发动机控制单元之间线路可能存在虚接；而 Tas/3 端子对搭铁波形如图 4-8b 所示，明显存在异常，说明：

1）发动机控制单元 J623 的 T60/16 与节气门驱动电动机 G186 的 Tas/5 之间的电路存在虚接故障。

2）发动机控制单元 J623 内部电路虚接。

第五步：测量 J623 的 T60/16 端子对搭铁波形

打开点火开关，慢慢踩下加速踏板和松开加速踏板，可以多次反复，用示波器分别测量发动机控制单元电气连接器 T60/16 端子的对搭铁信号波形。在正常情况下，T60/16 端子应可以检测到蓄电池正极电压。

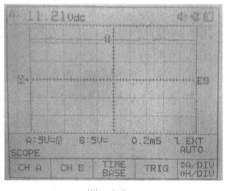

实测结果：波形正常（图 4-9）。结合上步实测结果，说明节气门电动机 T6as/5 端子到控制单元 T60/16 端子之间的线路虚接。检修电路后，故障排除。

图 4-9

案例 4：加速踏板位置传感器两根信号线交叉造成发动机加速困难的故障检修

1. 故障现象

打开点火开关，仪表显示无异常，节气门处有"吱吱"声。着车后，EPC 灯长亮，松开制动踏板后，发动机转速迅速增加到 4000r/min，踩下制动踏板，转速下降，发动机轻微抖动；此时踩下加速踏板，仪表板电子驻车故障指示灯及 ESP 故障指示灯长亮，且转速下降至 800r/min 左右；再次踩加速踏板，转速不会提高，节气门没有动作。

2. 故障分析（图 4-10）

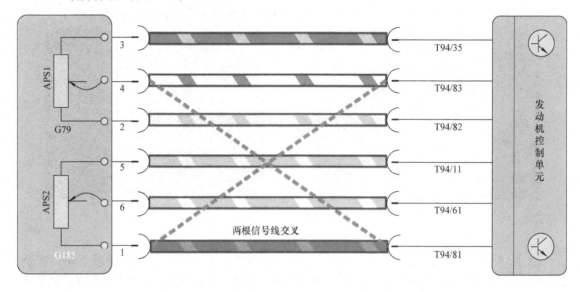

图 4-10

打开点火开关，节气门处能听到"吱吱"声，说明发动机控制进行了节气门的自检。在没有着车以前，EPC 故障指示灯也未点亮，说明节气门自检通过。着车时发动机转速迅速上升，说明节气门突然打开，造成进气量突然增加。而当操作加速踏板时，发动机转速异常，说明加速踏板无法正常控制节气门的开启和关闭。故障可能在于由加速踏板、发动机控制单元、节气门体组成的动力控制系统内。

3. 诊断思路

第一步：扫描网关，读取故障码

如果有相关故障码提示，就按照故障码的提示进行诊断。如果没有相关故障码提示，则需要分析故障现象，读取相关的数据流和尾气排放数值，发现异常数据，实施诊断。

1）着车后未踩油门踏板前扫描网关，读取故障码，会读到以下故障码：08482，加速踏板位置传感器信号太小。

2）踩下加速踏板后扫描网关，读取故障码，会读到以下故障码：

① 08482：加速踏板位置传感器信号太小。

② 08488：节气门/踏板位置传感器 2 信号过大。

第二步：读取加速踏板及节气门位置传感器的相关数据

打开点火开关，慢慢踩下加速踏板和松开加速踏板，可以多次反复，用解码器测量节气门位置传感器、加速踏板位置传感器信号的输出，看是否能随加速踏板的动作而正常变化。

1）01 - 62/1：节气门角度（电位计 1）为 25.00% →15.62%。标准值为 15.62% →87.10%，实测结果异常，再次踩加速踏板传感器数据维持在 15.62%。

2）01 - 62/2：节气门角度（电位计2）为74.60%→83.98%。标准值为83.98%→12.10%，实测结果异常，再次踩加速踏板传感器数据维持在83.98%。

3）01 - 62/3：踏板值传感器角度（电位计1）为7.42%→44.92%。标准值为14.84%→89.06%，实测结果异常。

4）01 - 62/4：踏板值传感器角度（电位计2）为14.84%→89.06%。标准值为7.42%→44.92%，实测结果异常。

通过测量值和现象可以看出，节气门的信号和预期的正好相反，而加速踏板位置传感器的两个信号看似互换，而后者的异常会导致前者动作紊乱。因此，应从踏板位置传感器的信号输入是否正常开始诊断。

解码器显示的数据流是通过换算以后显示的，显示的结果可能还与控制模块的换算是否正确有关，因此最好还是通过测量控制单元相应端子的输入电压来进一步确认故障范围。

第三步：检查加速踏板角度传感器的信号输入（J623端），以验证数据流的真实性

打开点火开关，慢慢踩下加速踏板和松开加速踏板，可以多次反复，用示波器分别测量发动机控制单元的T94/61、T94/83对搭铁波形。在正常情况下，应测得以下标准波形（图4-11a）。而实际上测得的波形如图4-11b所示。

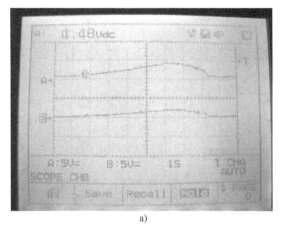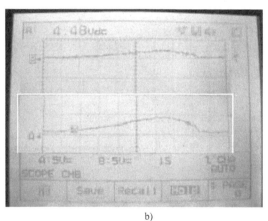

a)   b)

图　4-11

通过比对发现，T94/61实际对搭铁波形和T94/83标准对搭铁波形相同，T94/83实际对搭铁波形和T94/61标准对搭铁波形相同，说明故障可能在于：

1）加速踏板位置传感器与发动机控制单元之间连接电路故障。

2）加速踏板位置传感器自身故障。

第四步：检查加速踏板角度传感器的信号输出（传感器端）

打开点火开关，慢慢踩下加速踏板和松开加速踏板，可以多次反复，用示波器分别测量加速踏板位置传感器的T6q/6、T6q/4对搭铁波形。在正常情况下，应测得以下标准波形。

实测（图4-12）结果正常，说明两根信号线错接，导致当踩下加速踏板时超过了设定值，故出现信号过大/信号过小的故障码。发动机控制单元收到了不可靠的加速踏板信号，不会控制节气门的工作，因此当形成故障码后，加速踏板功能失效。线束对调后，故障码清除，发动机性能恢复正常。

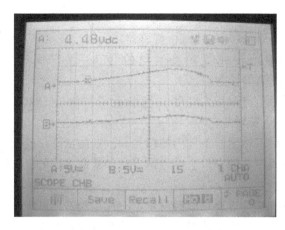

图 4-12

案例 5：SB17 熔丝熔断造成发动机怠速时抖动，加速时转速不能超过 3000r/min 的故障检修

1. 故障现象

起动发动机，可以正常着车，但 EPC 灯常亮，怠速时发动机抖动，加速时转速能不超过 3000r/min。

2. 故障分析（图 4-13）

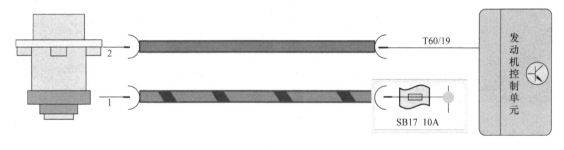

图 4-13

发动机怠速时抖动，加速时转速能不超过 3000r/min，说明发动机动力不足，这与混合气的质和量、点火系统的工作有很大的关系，因此故障可能在：

1）进、排气系统故障。

2）燃油系统故障，包括系统压力故障和喷油器工作故障。

3）点火系统故障，包括点火能量故障和点火正时故障。

3. 诊断思路

第一步：扫描网关，读取故障码

打开点火开关，用解码器读取故障码，发现有故障码 08852：燃油压力调节阀断路。

根据故障码的含义，可知燃油压力调节器 N276 及其电路出现断路。这必然会造成燃油系统压力达不到标准，从而造成发动机动力不足。

第二步：测试燃油系统压力，确定故障范围（可以不做）

起动发动机，用解码器读取数据流（106/2）以测试油轨压力，标准为40bar，测量值为7bar，实测结果异常。由于油轨压力为7bar，说明低压油路可能没有异常，而是系统无法建立高压。结合故障码，分析可能原因为燃油压力调节器及其电路故障。

第三步：对N276进行元件测试（选用）

打开点火开关，用解码器进行执行元件驱动测试，发现燃油压力调节器N276没有工作，可能原因为燃油压力调节器及其电路故障。

第四步：测量N276的驱动信号波形

起动发动机，在发动机怠速运转状态时，用示波器测量燃油压力调节器N276的2#端子对搭铁波形。标准波形和实测波形分别如图4-14a、b所示。波形异常说明测试点到蓄电池正极之间电路断路，可能原因为：

1）N276自身断路故障。

2）N276供电电路故障。

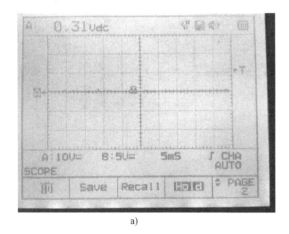

a)

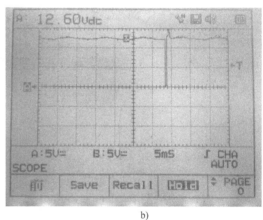

b)

图 4-14

第五步：检查N276供电是否正常

打开点火开关，用万用表测量N276的1#端子的搭铁电压。在正常情况下，该端子电压应为蓄电池电压。实测为0，说明N276供电异常，可能原因为：

1）N276与SB17之间电路故障；

2）SB17自身故障；

3）SB17上游电路故障。

第六步：检查SB17熔丝工作是否正常

打开点火开关，用万用表测量SB17的两个端子的搭铁电压。在正常情况下，这两个端子电压均应为蓄电池电压。实测一端为+B（正常），另一端为0（异常），说明熔丝损坏。

更换熔丝，故障排除。长时间试车后，故障不再出现。

案例 6：SB17 熔丝虚接造成发动机怠速时抖动，加速时转速不能超过 3000r/min 的故障检修

1. 故障现象

起动发动机，可以正常着车，但 EPC 灯常亮；怠速时，发动机抖动；加速时，转速能不超过 3000r/min。

2. 故障分析（图 4-15）

发动机怠速时抖动，加速时转速能不超过 3000r/min，说明发动机动力不足。这与混合气的质和量、点火系统的工作有很大的关系，因此故障可能在：

1）进、排气系统故障。

2）燃油系统故障，包括系统压力故障和喷油器工作故障。

3）点火系统故障，包括点火能量故障和点火正时故障。

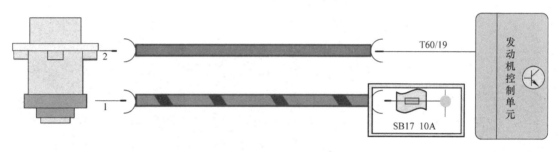

图 4-15

3. 诊断思路

第一步：扫描网关，读取故障码

打开点火开关，用解码器读取故障码，发现有故障码 08852：燃油压力调节阀断路（需要根据试验确定）。

根据故障码的含义，可知燃油压力调节器 N276 电路出现断路。这必然会造成燃油系统压力达不到标准，从而造成发动机动力不足。

第二步：测试燃油系统压力，确定故障范围（可以不做）

起动发动机，用解码器读取数据流（106/2）以测试油轨压力。标准为 40bar，测量值为 7bar，实测结果异常。油轨压力为 7bar，说明低压油路可能没有异常，而是系统无法建立高压。结合故障码，分析可能原因为燃油压力调节器及其电路故障。

第三步：对 N276 进行元件测试（选用）

打开点火开关，用解码器进行执行元件驱动测试，发现燃油压力调节器 N276 没有工作，可能原因为燃油压力调节器及其电路故障。

第四步：测量 N276 的驱动信号波形

起动发动机，在发动机怠速运转状态时，用示波器测量燃油压力调节器 N276 的 2#端子的对搭铁波形。标准波形和实测波形分别如图 4-16a、b 所示。波形正常，说明 N276 电路未断，结合故障码分析测试点到蓄电池正极之间电路可能虚接（需要思考），可能原因为：

1）N276 自身电阻过大故障。

2）N276 供电电路虚接故障。

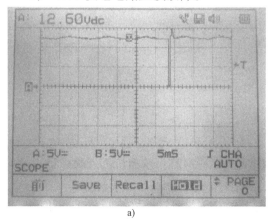 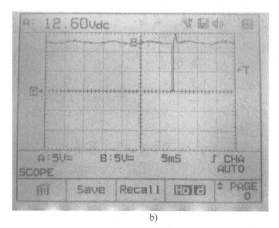

图 4-16

第五步：检查 N276 供电是否正常

打开点火开关，用万用表测量 N276 的 1#端子的搭铁电压。在正常情况下，该端子电压应为蓄电池电压，实测为 3.29V，说明 N276 供电异常，可能原因为：

1）N276 与 SB17 之间电路虚接故障。

2）SB17 自身虚接故障。

3）SB17 上游电路虚接故障。

第六步：检查 SB17 熔丝工作是否正常

打开点火开关，用万用表测量 SB17 的两个端子的搭铁电压。在正常情况下，这两个端子的电压均应为蓄电池电压。实测一端为 +B（正常），另一端为 3.29V（异常），说明熔丝虚接。

更换熔丝，故障排除。长时间试车后，故障不再出现。

案例7：J757 到 J623 之间线路断路造成发动机加速不良的故障检修

1. 故障现象

起动发动机后，原地急踩加速踏板，发动机最高转速不超过 3000r/min。

2. 故障分析（图 4-17）

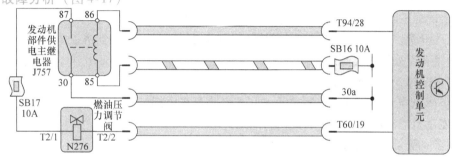

图 4-17

发动机加速到3000r/min的时候，转速再也不能上升，说明发动机的功率可能达到了极限，或者出现了超速断油的现象。而后者不符合原车的实际情况，因此可以判定发动机功率达到极限，可能原因为：

1）进、排气系统故障。

2）燃油系统故障。

3）电控系统故障。

4）点火系统故障。

3. 诊断过程

第一步：扫描网关，读取故障码

打开点火开关，用解码器读取故障码，发现有故障码12423：发动机部件供电继电器电路电气故障静态。

根据故障码的含义，说明继电器J757未进入工作状态，那发动机控制单元是如何识别继电器工作状态的呢？一是可以通过监控T60/19端子电压的变化来识别整个继电器的输出是否正常；二是可以通过监控T94/28端子电压的变化来识别继电器电磁线圈电路是否正常。

造成继电器输出静态的可能原因为：

1）J757继电器正极电源电路故障。

2）J757的自身故障。

3）J757的控制电路故障。

第二步：检查J757输出，确定故障范围

连接跨接线到继电器和继电器座之间，在发动机怠速运转时，用万用表测量J757的87#端子的搭铁电压。在正常情况下，该端子电压应为蓄电池电压，否则说明继电器输出异常。实测结果为0，说明继电器没有输出，可能原因为：

1）J757继电器正极电源电路故障。

2）J757的自身故障。

3）J757的控制电路故障。

第三步：检查J757的供电和控制，确定故障范围

在发动机怠速运转时，用万用表测量J757的85#、86#、30#端子的搭铁电压。在正常情况下，30#、85#端子的电压应为蓄电池电压，86#端子的电压应从打开点火开关的蓄电池电压切换到发动机起动后的搭铁电压。如果这三个端子的电压均正常，则说明继电器自身损坏，但不能确定具体故障部位，需要对继电器进行元件测试；如果85#端子的电压正常而在86#端子上检测不到蓄电池电压，则说明继电器线圈电路存在故障，应更换继电器；如果30#端子的电压异常，则说明上游电路存在故障；如果86#端子没有达到搭铁电压，则说明继电器控制电路存在故障。实测结果：86#端子电压在起动后一直维持蓄电池电压。这说明继电器控制存在故障，可能原因为：

1）J575继电器与发动机控制单元之间的电路存在故障。

2）发动机控制单元自身及相关输入电路故障。

第四步：测量J623控制，确定故障所在

在发动机怠速运转过程中，用万用表测量J623的T94/28的搭铁电压。标准参数为搭铁电压，实测为0.05V，结果正常。这说明J623的T94/28到J757的86#端子之间的线路断

路。修复 J757 到 J623 之间的断路故障后，系统性能恢复正常，故障排除。

案例8：J757 继电器触点无法闭合造成发动机加速不良的故障检修

1. 故障现象

起动发动机后，原地急踩加速踏板，发动机最高转速不超过 3000r/min。

2. 故障分析（图4-18）

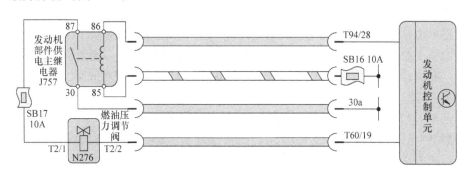

图　4-18

发动机加速到 3000r/min 的时候，转速再也不能上升，说明发动机的功率可能达到了极限，或者出现了超速断油的现象。而后者不符合原车的实际情况，因此可以判定发动机功率达到极限，可能原因为：

1）进、排气系统故障。

2）燃油系统故障。

3）电控系统故障。

4）点火系统故障。

3. 诊断过程

第一步：扫描网关，读取故障码

打开点火开关，用解码器读取故障码，发现有以下故障码12423：发动机部件供电继电器电路电气故障静态。

根据故障码的含义，说明继电器 J757 未进入工作状态。那发动机控制单元是如何识别继电器工作状态的呢？一是可以通过监控 T60/19 端子电压的变化来识别整个继电器的输出是否正常；二是可以通过监控 T94/28 端子电压的变化来识别继电器电磁线圈电路是否正常。

造成继电器输出静态的可能原因为：

1）J757 继电器正极电源电路故障。

2）J757 的自身故障。

3）J757 的控制电路故障。

第二步：检查 J757 输出，确定故障范围

连接跨接线到继电器和继电器座之间，在发动机怠速运转时，用万用表测量 J757 的87#端子的搭铁电压。在正常情况下，该端子电压应为蓄电池电压，否则说明继电器输出异常。实测结果为0，说明继电器没有输出，可能原因为：

1）J757 继电器正极电源电路故障。

2）J757 的自身故障。

3）J757 的控制电路故障。

第三步：检查 J757 的供电和控制，确定故障范围

在发动机怠速运转时，用万用表测量 J757 的 85#、86#、30#端子的搭铁电压。在正常情况下，30#、85#端子电压应为蓄电池电压，86#端子电压应从打开点火开关的蓄电池电压切换到发动机起动后的搭铁电压。如果这三个端子电压均正常，则说明继电器自身损坏，但不能确定具体故障部位，需要对继电器进行元件测试；如果 85#端子电压正常而在 86#端子上检测不到蓄电池电压，则说明继电器线圈电路存在故障，应更换继电器；如果 30#端子电压异常，则说明上游电路存在故障；如果 86#端子没有达到搭铁电压，则说明继电器控制电路存在故障。实测结果：三个端子电压均正常。这说明继电器自身存在故障。

第四步：J757 继电器单件测试

如果进行 J757 继电器单件测试，要求严格按照以下步骤进行：

1）测量继电器 85#和 86#之间的电阻，正常值为 60 ~ 200Ω，实测结果正常。

注意：只有在电阻正常的情况下才能通电测试。

2）86#接蓄电池负极，85#接蓄电池正极，然后用万用表测量 30#和 87#端子之间的电阻，应从无穷大切换到导通。

实测结果：30#和 87#端子之间的电阻始终无穷大，说明触点无法闭合。更换继电器后，故障排除。

案例 9：J757 电磁线圈整体断路造成发动机加速不良的故障检修

1. 故障现象

起动发动机后，原地急踩加速踏板，发动机最高转速不超过 3000r/min。

2. 故障分析（图 4-19）

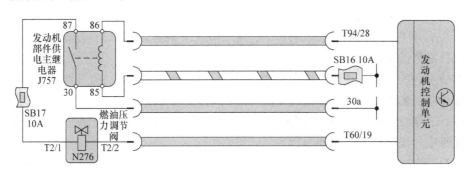

图 4-19

发动机加速到 3000r/min 的时候，转速再也不能上升，说明发动机的功率可能达到了极限，或者出现了超速断油的现象。而后者不符合原车的实际情况，因此可以判定发动机功率达到极限，可能原因为：

1）进、排气系统故障。

2）燃油系统故障。

3）电控系统故障。

4）点火系统故障。

3. 诊断过程

第一步：扫描网关，读取故障码

打开点火开关，用解码器读取故障码，发现有以下故障码12423：发动机部件供电继电器电路电气故障静态。

根据故障码的含义，说明继电器J757未进入工作状态。那发动机控制单元是如何识别继电器工作状态的呢？一是可以通过监控T60/19端子电压的变化来识别整个继电器的输出是否正常；二是可以通过监控T94/28端子电压的变化来识别继电器电磁线圈电路是否正常。

造成继电器输出静态的可能原因为：

1）J757继电器正极电源电路故障。

2）J757的自身故障。

3）J757的控制电路故障。

第二步：检查J757输出，确定故障范围

连接跨接线到继电器和继电器座之间，在发动机怠速运转时，用万用表测量J757的87#端子的搭铁电压。在正常情况下，该端子电压应为蓄电池电压，否则说明继电器输出异常。实测结果为0，说明继电器没有输出，可能原因为：

1）J757继电器正极电源电路故障。

2）J757的自身故障。

3）J757的控制电路故障。

第三步：检查J757的供电和控制，确定故障范围

在发动机怠速运转时，用万用表测量J757的85#、86#、30#端子的搭铁电压。在正常情况下，30#、85#端子电压应为蓄电池电压，86#端子电压应从打开点火开关的蓄电池电压切换到发动机起动后的搭铁电压。如果这三个端子电压均正常，则说明继电器自身损坏，但不能确定具体故障部位，需要对继电器进行元件测试；如果85#端子电压正常而在86#端子上检测不到蓄电池电压，则说明继电器线圈电路存在故障，应更换继电器；如果30#电压异常，则说明上游电路存在故障；如果86#端子没有达到搭铁电压，则说明继电器控制电路存在故障。实测结果：86#端子电压在打开点火开关后没有蓄电池电压，说明继电器自身存在故障。

第四步：J757继电器单件测试

如果进行J757继电器单件测试，要求严格按照以下步骤进行：

1）测量继电器85#和86#之间的电阻，正常值为60～200Ω，实测结果正常。

注意：只有在电阻正常的情况下才能通电测试。

2）86#接蓄电池负极，85#接蓄电池正极，然后用万用表测量30#和87#端子之间的电阻，应从无穷大切换到导通。

实测结果：85#和86#之间的电阻无穷大。更换继电器后，故障排除。

案例10：燃油压力传感器信号电路断路造成发动机加速不良的故障检修

1. 故障现象

发动机怠速运行正常，但踩加速踏板加速时，发动机转速不能超过3000r/min，发动机故障指示灯亮。

2. 故障分析（图4-20）

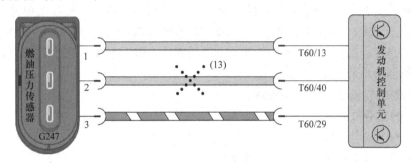

图 4-20

发动机加速到3000r/min的时候，转速再也不能上升，说明发动机的功率可能达到了极限，或者出现了超速断油的现象。而后者不符合原车的实际情况，因此可以判定发动机功率达到极限，可能原因为：

1）进、排气系统故障。

2）燃油系统故障。

3）电控系统故障。

4）点火系统故障。

3. 诊断过程

第一步：扫描网关，读取故障码

打开点火开关，用解码器读取故障码，发现有以下故障码00400：燃油压力传感器电路电气故障。

通过故障码的含义可以看出，发动机控制单元接收到不正常的传感器信号。这一方面是由于传感器本身信号异常，另外一方面也可能是由于发动机控制单元判断有误。因此在出现故障码提示时，最好进行真实性验证。

第二步：测量传感器信号输入，验证故障码

起动发动机，加速到失速状态，用万用表测量发动机控制单元J623的T60/40的搭铁电压。在正常情况下，该端子电压应该从压力最低时的0.5V平稳上升到压力最大时的4.5V，否则说明传感器或其电路可能存在故障。实测结果：电压始终保持在5V（传感器参考电压）。实测结果异常，可能原因为：

1）J623与G247之间电路故障。

2）G247自身故障。

3）J623自身故障（J623向G247提供搭铁电源）。

第三步：测量 G247 信号输出

起动发动机，加速到失速状态，用万用表测量传感器 G247 的 3#的搭铁电压。在正常情况下，该端子电压应该从压力最低时的 0.5V 平稳上升到压力最大时的 4.5V，否则说明传感器或其电路可能存在故障。实测结果：电压始终保持在 0。实测结果异常，结合上步实测结果，说明一根导线两端电压存在差异，而这差异相当于传感器的参考电压，说明 J623 与 G247 之间电路断路故障。

修复故障电路后，发动机性能恢复正常。

竞赛试题五：
灯光系统故障的诊断与排除

案例1：灯光开关 T10j/1 端子损坏、近光灯 M29 线路断路的故障检修

1. 故障现象

打开点火开关，当灯光开关置于近光灯档时，左前近光灯不亮。操作前后雾灯开关，前后雾灯均无法打开。但当将灯光开关置于行车灯档时，近光灯不亮。操作前后雾灯开关，前后雾灯均正常点亮。仪表板车灯故障指示灯长亮，其他正常。

2. 故障分析（图5-1）

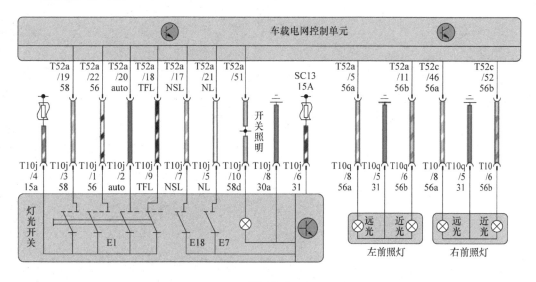

图　5-1

将灯光开关置于行车灯档时，操作前后雾灯开关，前后雾灯均正常点亮，说明雾灯开关及灯光电路均可以正常工作。而将灯光开关置于近光灯档时，左前近光灯不亮，操作前后雾灯开关，前后雾灯均无法打开。这种情况通常说明在近光灯档时，系统进入应急保护运行模式。在迈腾轿车上，针对灯光系统的应急保护有两种情况：一种是 E1 的 TFL、56、58 在任何情况下，必须只有一个端子电压为高电位，否则系统就会进入应急保护模式；另外一种是当后雾灯开关打开时，前雾灯开关也必须有正常打开时的信号输出，否则也会进入应急

—106—

模式。

如果系统能够提示故障码，就按照故障码内容进行诊断。如果没有故障码提示，则一般先排除应急故障，再排除个别故障。

3. 诊断思路

第一步：读取故障码：01800，车灯开关 E1 不可信信号。

根据故障码的含义，推断开关 E1 信号输入异常，加之将灯光开关置于近光灯档时，左前近光灯不亮，操作前后雾灯开关，前后雾灯均无法打开，说明灯光系统进入应急模式。

第二步：检查车灯开关信号输入是否正常

打开点火开关，将灯光开关旋转至行车灯、近光灯档位，用解码器读取相关数据流，显示如下：

1）09－49/1（车灯开关）接通→断开→断开；标准值：接通→断开→断开。

2）09－49/2（示宽灯档）断开→接通→断开；标准值：断开→接通→断开。

3）09－49/3（近光灯档）断开→断开→断开；标准值：断开→断开→接通。

实测发现，当打开近光灯档时，J519 未收到车灯开关（近光灯档）信号，可能原因为：

1）J519 自身故障。

2）J519 和开关 E1 之间电路故障。

3）开关 E1 自身故障。

注意：也可以用万用表测量 J519 的信号输入是否正常，但那样测试需要对车辆进行必要的拆装，因此最好用解码器进行检测。

第三步：检查车灯开关信号输入是否正常

打开点火开关，操作车灯开关由关闭档→近光灯档，用万用表测量灯光开关 T10j/1 搭铁电压。在正常情况下应为 0→＋B，实测为 0→0，实测结果异常。灯光开关在其他档位时信号输出正常，因此排除开关电源电路故障，判断故障在于开关自身。更换车灯开关后，应急模式消除，但左前近光灯依然不亮。右前近光灯工作异常，因此排除灯光开关及其信号输入电路故障，可能原因为：

1）左前近光灯自身故障。

2）左前近光灯电源电路故障（包括正极和负极电路）。

第四步：检查左前近光灯工作电压是否正常

打开点火开关，将灯光开关旋转至近光灯档时，用万用表测量左前近光灯连接器 T14d/6 与 T14d/7 端子之间的电压。在正常情况下应从 0→＋B，实测结果为 0→0。实测结果异常，说明左前近光灯电源电路存在故障，可能原因为：

1）左前近光灯正极电路工作不良。

2）左前近光灯负极电路搭铁不良。

第五步：检查左前近光灯正极或负极工作电压

打开点火开关，将灯光开关旋转至近光灯档时，用万用表测量左前近光灯连接器 T14d/6（或 T14d/7 端子）的搭铁电压，在正常情况下应从 0→＋B。如果始终为 0，则说明左前近光灯正极电路存在故障；如果始终为＋B，则说明左前近光灯负极电路存在故障；如果实测结果为从 0 变化到部分蓄电池电压，则说明正极电路虚接。实测结果为 0，故障原因可能为：

1）T14d/6 与 J519 之间电路故障。

2）J519 自身故障。

第六步：检查 J519 控制信号输出是否正常

打开点火开关，将灯光开关旋转至近光灯档时，用万用表测量 J519 的 T52a/11 端子的搭铁电压，在正常情况下为 0→+B，实测结果正常。

J519 输出电压为 +B，而左前近光灯连接器 T14d/6 端子的搭铁电压为 0，说明 J519 到左前近光灯插头线束存在断路故障。维修线束后故障排除，系统恢复正常。

案例 2：灯光开关 T10j/3 内部损坏、灯泡（M22）供电线路断路的故障检修

1. 故障现象

打开点火开关，将车灯开关转到行车灯档时，近光灯异常点亮，右前行车灯不亮；操作前后雾灯开关，前后雾灯均无法点亮；将车灯开关转到近光灯档时，仅右前行车灯不亮，其他灯光工作正常。

2. 故障分析（图 5-2）

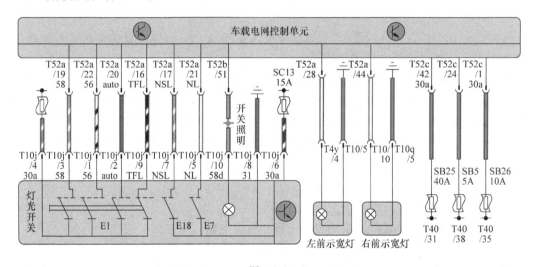

图 5-2

打开点火开关，将车灯开关转到行车灯档时，近光灯异常点亮，说明灯光控制系统进入应急保护模式。这主要是由于灯光开关输出违背信号输出逻辑而进入应急保护模式。在迈腾轿车上，针对灯光系统的应急保护有两种情况：一种是 E1 的 TFL、56、58 在任何情况下，必须只有一个端子电压为高电位，否则系统就会进入应急保护模式；另外一种是当后雾灯开关打开时，前雾灯开关也必须有正常打开时的信号输出，否则也会进入应急模式。

如果系统能够提示故障码，就按照故障码内容进行诊断。如果没有故障码提示，则一般先排除应急故障，再排除个别故障。

3. 诊断思路

第一步：读取故障码：01800，车灯开关 E1 不可信信号。

根据故障码的含义，推断开关 E1 信号输入异常，加之将车灯开关转到行车灯档时，近光灯异常点亮，说明灯光系统进入应急模式。

第二步：检查车灯开关信号输入是否正常

打开点火开关，操作灯光开关从关闭→行车灯档→近光灯档切换时，利用解码器的数据流功能测量灯光开关的信号输出：

1) 09 – 49/1（车灯开关）接通→断开→断开（正常）。

2) 09 – 49/2（示宽灯档）断开→断开→断开（异常）；标准值：断开→接通→断开。

3) 09 – 49/3（近光灯档）断开→断开→接通（正常）。

实测发现，J519 未收到车灯开关（示宽灯档）信号，可能原因：

1) J519 自身故障。

2) 与 E1 之间的电路故障。

3) E1 自身故障。

注意：也可以用万用表测量 J519 的信号输入是否正常，但那样测试需要对车辆进行必要的拆装，因此最好用解码器进行检测。

第三步：测量灯光开关 E1 信号输出是否正常

打开点火开关，操作灯光开关从关闭→行车灯档→近光灯档切换时，测量灯光开关的 T10j/3 搭铁电压。在正常情况下，该端子搭铁电压为 0→ + B→0。实测始终为 0，说明开关没有输出信号。由于其他档位灯光工作正常，说明开关存在断路故障。申请更换配件后，将车灯开关转到行车灯档时，近光灯不再点亮；操作前后雾灯开关，前后雾灯均正常点亮，但右前行车灯不亮。M3 和其他灯光合用搭铁，因此暂时不考虑搭铁故障的可能，故造成 M3 不工作的可能原因：

1) J519 自身故障。

2) J519 到 M3 之间的电路故障。

3) M3 自身故障。

第四步：检查 M3 的供电是否正常

打开点火开关，操作灯光开关 E1 到示宽灯档，用示波器测量右前行车灯插头（T10/10）对搭铁波形。在正常情况下，应可以检测到 0 到 + B 的方波信号（图 5-3a），实测为 0（图 5-3b）。实测结果异常，说明 M3 没有得到电源，可能原因为：

1) J519 自身故障。

2) J519 到 M3 之间的电路故障。

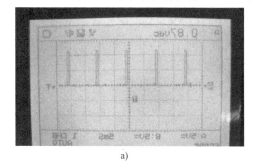
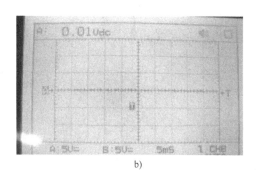

a)   b)

图 5-3

第五步：检查 J519 的输出是否正常

打开点火开关，操作灯光开关 E1 到示宽灯档，用示波器测量 J519 插头（T52a/44）对搭铁波形。在正常情况下，应可以检测到 0 到 +B 的方波信号（图 5-4a），实测波形如图 5-4b 所示。实测结果正常，说明 J519 到 M3 之间的电路故障。检查、维修线束后，M3 恢复正常，故障排除。

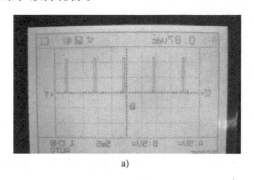 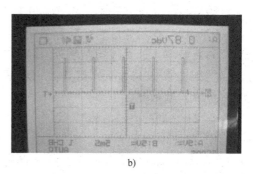

a)   b)

图 5-4

案例3：灯光开关 T10j/9 端子触点损坏、左侧行车灯插头损坏的故障检修

注意：通过仪表的个性化设置先去掉日间行车灯功能再设故障。

1. 故障现象

打开点火开关后，近光灯、右前行车灯、后部行车灯及牌照灯异常点亮；将灯光开关旋转至行车灯档时，近光灯熄灭，但左前行车灯仍不亮；将灯光开关旋转至近光灯档时，近光灯正常点亮，但左前行车灯不亮。

2. 故障分析（图 5-5）

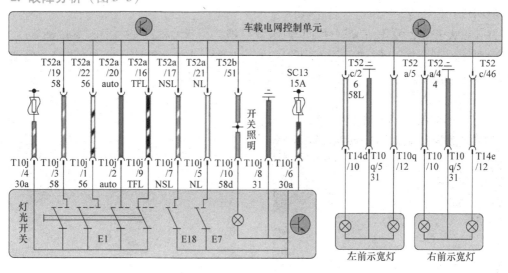

图 5-5

打开点火开关，近光灯、右前行车灯、后部行车灯及牌照灯异常点亮，说明灯光控制系统进入应急保护模式，这主要是因为灯光开关输出违背信号输出逻辑而进入应急保护模式。在迈腾轿车上，针对灯光系统的应急保护有两种情况：一种是 E1 的 TFL、56、58 在任何情况下，必须只有一个端子电压为高电位，否则系统就会进入应急保护模式；另外一种是当后雾灯开关打开时，前雾灯开关也必须有正常打开时的信号输出，否则也会进入应急模式。

如果系统能够提示故障码，就按照故障码内容进行诊断。如果没有故障码提示，则一般先排除应急故障，再排除个别故障。

3. 诊断过程

第一步：读取故障码：01800，车灯开关 E1 不可信信号

根据故障码的含义，推断开关 E1 信号输入异常，加之当打开点火开关时，近光灯异常点亮，说明灯光系统进入应急模式。

第二步：检查车灯开关信号输入是否正常

打开点火开关，关闭灯光开关，用解码器读取相关数据流，以测量灯光开关的信号输出：

1）09 – 49/1（车灯开关）断开；标准值：接通。

2）09 – 49/2（示宽灯档）断开；标准值：断开。

3）09 – 49/3（近光灯档）断开；标准值：断开。

测试发现，当灯光开关关闭的时候，J519 未收到正常的车灯开关信号。由于其他档位灯光工作正常，说明开关及信号电路可能存在断路故障。

注意：也可以用万用表测量 J519 的信号输入是否正常，但那样测试需要对车辆进行必要的拆装，因此最好用解码器进行检测。

第三步：检查灯光开关输出是否正常

打开点火开关，关闭灯光开关，测量灯光开关的 T10j/9 的搭铁电压。在正常情况下，该端子搭铁电压为 + B。实测始终为 0，说明开关没有输出信号，由于其他档位灯光工作正常，说明开关内部存在断路故障。

申请更换配件后，打开点火开关，近光灯、右前行车灯、后部行车灯及牌照灯均不再点亮，但操作行车灯开关及近光灯开关时，左前行车灯仍不亮，由于其他行车灯工作正常，说明故障可能在左前行车灯及其电路上。左前行车灯和其他灯光合用搭铁，因此暂时不考虑搭铁故障的可能，可能原因为：

1）J519 自身故障。

2）J519 到左前行车灯之间的电路故障。

3）左前行车灯自身故障。

第四步：检查左前行车灯工作电源是否正常

打开点火开关，操作灯光开关至行车灯档时，用示波器测量左前行车灯一侧插头 T14d/10 端子的搭铁电压。在正常情况下，应测得 0→ + B 的占空比信号波形，如图 5-6a 所示。

实测结果为类似图 5-6b 的一条直线，说明左前行车灯没有接收到控制信号，可能原因：

1）J519 自身故障。

2）J519 到测试点之间的电路故障。

第五步：检查 J519 的信号输出是否正常

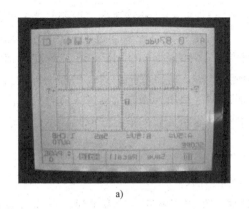
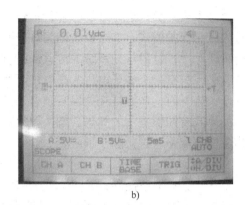

a)   b)

图　5-6

打开点火开关，操作灯光开关至行车灯档时，用示波器测量 J519 的 T52c/26 端子的搭铁电压波形。在正常情况下，应测得 0→＋B 的占空比信号波形。实测正常，说明 J519 发出了控制信号。结合上步测试，说明故障点一定是在线路上。

第六步：检查左前行车灯线路是否正常

打开点火开关，操作灯光开关至行车灯档时，用示波器测量左前行车灯 T14d/10 连接器线束端端子的搭铁电压。在正常情况下，应测得 0→＋B 的占空比信号波形。实测正常，说明左前行车灯连接器自身存在故障。检修电气连接器后，系统性能恢复正常，故障排除。

案例 4：灯光开关 E7 触点损坏、前雾灯 L22 正极电路虚接的故障检修

1. 故障现象

打开点火开关，将车灯开关旋转至行车灯档位时，行车灯正常点亮；打开前雾灯开关，前雾灯不亮；此时打开后雾灯开关，近光灯异常点亮，但前雾灯、后雾灯均不亮，仪表板上后雾灯指示灯不亮；将车灯开关旋转至近光灯档位时，行车灯及近光灯正常点亮；此时打开前雾灯开关，前雾灯不亮；打开后雾灯开关，后雾灯正常点亮，前雾灯不亮。

2. 故障分析（图 5-7）

打开后雾灯开关，近光灯异常点亮，说明灯光控制系统进入应急保护模式，这主要是由于灯光开关输出违背信号输出逻辑而进入应急保护模式。在迈腾轿车上，针对灯光系统的应急保护有两种情况：一种是 E1 的 TFL、56、58 在任何情况下，必须只有一个端子电压为高电位，否则系统就会进入应急保护模式；另外一种是当后雾灯开关打开时，前雾灯开关也必须有正常打开时的信号输出，否则也会进入应急模式。

如果系统能够提示故障码，就按照故障码内容进行诊断。如果没有故障码提示，则一般先排除应急故障，再排除个别故障。

3. 诊断过程

第一步：读取故障码：01800，车灯开关 E1 不可信信号

根据故障码的含义，推断开关 E1 信号输入异常，加之当后雾灯开关打开时，近光灯异常点亮，说明灯光系统进入应急模式。

第二步：检查车灯开关信号输入是否正常

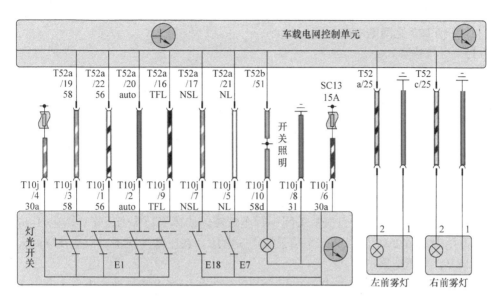

图 5-7

打开点火开关，操作灯光开关从关闭→行车灯档；打开后雾灯开关，用解码器读取相关数据流测量灯光开关的信号输出：

1）09 - 49/2（示宽灯档）接通→接通→接通；标准值：接通→接通→接通。

2）09 - 50/1（前雾灯档）断开→断开→断开；标准值：断开→接通→接通。

3）09 - 50/2（后雾灯档）断开→断开→接通；标准值：断开→断开→接通。

接着操作灯光开关从近光灯档→前雾灯档→后雾灯档：

1）09 - 49/2（示宽灯档）接通→接通→接通；标准值：接通→接通→接通。

2）09 - 50/1（前雾灯档）断开→断开→断开；标准值：断开→接通→接通。

3）09 - 50/2（后雾灯档）断开→断开→接通；标准值：断开→断开→接通。

实测发现，前雾灯开关输出信号异常，可能原因为：

1）E7 自身故障。

2）E7 与 J519 之间电路故障。

3）J519 自身故障。

注意：也可以用万用表测量 J519 的信号输入是否正常，但那样测试需要对车辆进行必要的拆装，因此最好用解码器进行检测。

第三步：测量灯光开关相关端子的搭铁电压

打开点火开关，操作灯光开关从关闭→行车灯档，或接着切换到近光灯档，打开前雾灯开关，测量灯光开关的 T10j/5 搭铁电压，在正常情况下该端子搭铁电压为 0→ + B。实测始终为 0，说明开关没有输出信号。由于其他档位灯光工作正常，说明开关内部存在断路故障。

申请更换配件后，将车灯开关转到行车灯档，操作前后雾灯开关，近光灯不再点亮，右前雾灯、后雾灯均正常点亮，但左前雾灯仍不亮。L22 和其他灯光合用搭铁，因此暂时不考虑搭铁故障的可能，那造成 M3 不工作的可能原因：

1）J519 自身故障。

2）J519 到 L22 之间的电路故障。

3）L22 自身故障。

第四步：检查 L22 左前雾灯的工作电压是否正常

打开点火开关，操作灯光开关从关闭→行车灯档，或接着切换到近光灯档，打开前雾灯开关，用万用表测量左前雾灯正极端子搭铁电压。在正常情况下，应从 0→ + B。实测为 0→ 0.3V，实测结果异常，说明左前雾灯正极电路存在很大的电路损耗，可能原因为：

1）L22 与 J519 之间电路存在虚接。

2）J519 存在内部故障。

第五步：检查 J519 输出的电压是否正常

打开点火开关，操作灯光开关从关闭→行车灯档，或接着切换到近光灯档，打开前雾灯开关，用万用表测量 J519 的 T52a/25 端子的搭铁电压。在正常情况下，应从 0→ + B。实测为 0→12.98V，实测结果正常。

由于 J519 的 T52a/25 端子的搭铁电压为蓄电池电压，而前雾灯插头电压为 0.3V，说明 J519 到前雾灯插头间存在虚接故障。维修线路后，系统恢复正常。

案例 5：灯光开关 E18 触点无法闭合、L46 灯泡正极电路虚接的故障检修

1. 故障现象

打开点火开关，操作灯光开关行车灯档时，打开后雾灯开关，前雾灯正常点亮，但后雾灯不亮，仪表板上后雾灯指示灯不亮；接着操作灯光开关到近光灯档，打开后雾灯开关，前雾灯正常点亮，后雾灯依然不亮，仪表板上后雾灯指示灯不亮，其他灯光工作正常。

2. 故障分析（图 5-8）

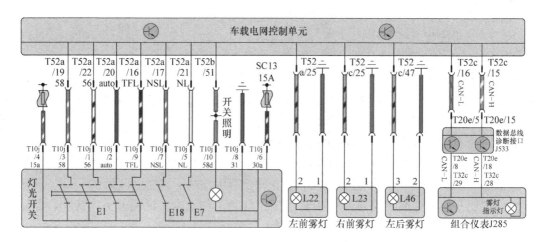

图 5-8

由于在行车灯和近光灯打开的情况下后雾灯都不能点亮，同时仪表板上后雾灯指示灯不

亮，说明后雾灯开关及其信号输入电路存在故障（注意，针对不同的车型，结论可能会有不同）。

如果系统能够提示故障码，就按照故障码内容进行诊断。如果没有故障码提示，则一般先排除应急故障，再排除个别故障。

3. 诊断思路

第一步：读取故障码，无相关故障码提示

第二步：检查传感器信号的输入是否正常

打开点火开关，操作灯光开关从行车灯档→前雾灯档→后雾灯档，用解码器读取灯光开关档位变化时的测量值：09 – 50/2（后雾）断开→断开→断开；标准值为断开→断开→接通。

或者，打开点火开关，操作灯光开关从近光灯档→前雾灯档→后雾灯档，用解码器读取灯光开关档位变化时的测量值：09 – 50/2（后雾）断开→断开→断开；标准值为断开→断开→接通。

通过实测发现，后雾灯开关信号输入异常，可能原因为：

1）后雾灯开关 E18 故障。

2）E18 与 J519 之间的电路故障。

3）J519 故障。

注意：也可以用万用表测量 J519 的信号输入是否正常，但那样测试需要对车辆进行必要的拆装，因此最好用解码器进行检测。

第三步：检查后雾灯开关输出是否正常

打开点火开关，操作灯光开关从近光灯档→前雾灯档→后雾灯档，用万用表测量后雾灯开关 T10j/7 端子的搭铁电压。在正常情况下，标准值为 0→ + B。实测结果为保持 0 不变，实测结果异常。在其他档位时信号正常，说明开关供电没有问题，而只有后雾灯开关 E18 输出异常，因此说明灯光开关内部故障，需更换车灯开关。更换后，检查灯光，后雾灯仍不能正常点亮，此时需要确认新更换的开关是否有效。

第四步：再次检查传感器信号的输入是否正常

打开点火开关，操作灯光开关从行车灯档→前雾灯档→后雾灯档，用解码器读取灯光开关档位变化时的测量值：09 – 50/2（后雾灯档）断开→断开→接通；标准值为断开→断开→接通。

或者，打开点火开关，操作灯光开关从近光灯档→前雾灯档→后雾灯档，用解码器读取灯光开关档位变化时的测量值：09 – 50/2（后雾灯档）断开→断开→接通；标准值为断开→断开→接通。

通过实测发现，后雾灯开关信号输入恢复正常，因此后雾灯不能正常点亮的原因就与信号输入没有直接关系，可能原因为：

1）J519 自身故障。

2）J519 与后雾灯之间的电路故障。

3）后雾灯自身故障。

注意：后雾灯和其他尾灯合用搭铁，而其他灯光工作正常，因此暂时不考虑后雾灯搭铁故障。

第五步：检查后雾灯电源输入是否正常

打开点火开关，操作灯光开关从行车灯档→前雾灯档→后雾灯档，用万用表测量左侧尾灯插头 3#端子的搭铁电压。在正常情况下，标准值为 0→ + B。实测为 0→0.6V。实测结果异常，说明上游电路存在虚接，造成严重的电压降。

第六步：检查后雾灯电源电路故障所在

打开点火开关，操作灯光开关从行车灯档→前雾灯档→后雾灯档，用万用表测量左侧尾灯过渡插头 T2kf/1 端子的搭铁电压。在正常情况下，标准值为 0→ + B。实测为 0→ + B，实测结果正常。

T2kf/1 端子搭铁电压为 + B，而左侧尾灯插头 3#端子电压为 0.6V，说明 T2kf/1 端子到左侧尾灯插头 3#端子线束存在虚接故障。维修线束后，故障排除，系统恢复正常。

案例 6：警告灯开关 E229 的内部触点损坏、灯泡 M8 右后转向灯损坏的故障检修

1. 故障现象

打开点火开关，操作转向灯开关时，右后转向灯不亮，其他转向灯正常；操作警告灯开关时，所有转向灯都不亮。

2. 故障分析（图 5-9）

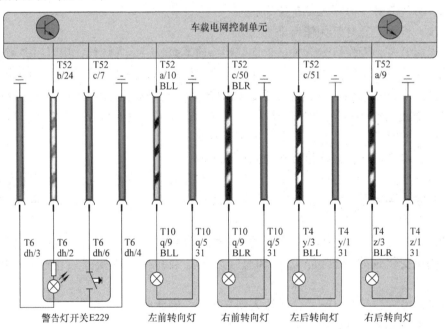

图 5-9

通过故障现象可以看出这是两个故障类型：一个是个性事件（右后转向灯不亮）；一个是共性事件（所有转向灯都不亮）。两个故障之间也没有必然关系，因此先排除哪个故障都可以。

如果系统能够提示故障码，就按照故障码内容进行诊断。如果没有故障码提示，则根据

概率排除故障。

3. 诊断过程

第一步：读取故障码

故障码 01505：转向信号指示灯，右后（M8）断路/对正极短路。

根据故障码可知，右后转向灯控制信号存在异常。M8 与其他尾灯合用搭铁，而其他灯光工作正常，因此可以暂时不考虑搭铁故障。结合故障现象，怀疑 M8 正极电路存在故障，可能原因为：

1）M8 自身故障。

2）M8 与 J519 之间的电路故障。

3）J519 自身故障。

第二步：检查右后转向灯的电源输入是否正常

打开点火开关，转向拨动转向灯开关，用示波器测量右侧尾灯的 T4z/3 端子的对搭铁波形。在正常情况下，应可以测得 0 到蓄电池电压之间的方波脉冲信号，如图 5-10a 所示，实测波形如图 5-10b 所示。

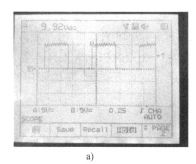 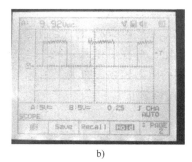

a)   b)

图　5-10

实测结果说明，M8 接收到了工作电压信号，但自身还是不能正常工作，故怀疑转向灯泡自身故障。检查更换后发现右后尾灯可以正常工作，但操作警告灯开关时，前后转向灯仍不能点亮。由于所有转向灯在危险警告模式下均不能工作，而在转向模式下可以正常工作，说明故障在信号输入阶段，可能原因为：

1）E229 开关自身故障。

2）E229 开关与 J519 之间的电路故障。

3）J519 自身故障。

第三步：检查 J519 端开关信号输入是否正常

有两种方法：一种方法是利用解码器的数据流读取开关状态，然后基于这个信息进一步确认故障点；另外一种方法是直接测量开关的信号输入电压，以确定故障范围。这里主要介绍利用解码器的数据流读取开关状态来判定故障所在。

连接解码器，打开点火开关，在地址码 09 中读取警告灯开关的测量值：当打开警告灯开关时，09-48/3 应显示显示"未操作"→"激活"，而实际显示的是"未操作"→"未操作"。实测结果异常，说明 J519 没有接收到开关信号，可能原因为：

1）E229 开关自身故障。

2）E229 开关与 J519 之间电路故障。

3）J519 自身故障。

第四步：测量 E229 警告灯开关信号输出是否正常

打开点火开关，按下警告灯开关，用万用表测量 T6dh/6 的搭铁电压。在正常情况下，应从 +B→0。实测结果为 +B→+B，实测结果异常。由于可以检测到蓄电池电压，说明测试点到 J519 之间电路未见异常，开关无法输出搭铁信号，可能原因为：

1）E229 自身故障。

2）E229 搭铁电路故障。

第五步：测量 E229 搭铁是否正常

打开行车灯时，警告灯开关内的照明灯可以正常点亮，说明搭铁没有问题，同时由于警告灯开关及其内的照明灯共用搭铁，可以暂时认为 E229 开关搭铁没有问题。在基于开关搭铁正常而信号输出异常的情况下，就可以判定开关损坏，需要更换。稳妥起见，可以用两种方法来确保诊断结果稳定性：一种方法是测量搭铁电路是否正常；另外一种方法是对开关进行单件测试。这里倾向于对开关进行单件测试。

第六步：E229 单件测试

关闭点火开关，拔下 E229 电气连接器，反复操作 E229 开关，用万用表测量 T6dh/6 和 T6dh/4 之间的电阻，应在 0 和无穷大之间来回切换，否则说明开关损坏。实测结果为 T6dh/6 和 T6dh/4 之间的电阻始终无穷大，由此可以判定警告灯开关 E229 内部触点损坏。更换警告灯开关后，系统恢复正常。

案例 7：前雾灯 L23 灯泡损坏、前雾灯 L22 虚接的故障检修

1. 故障现象

打开点火开关，无论行车灯档还是近光灯档，打开前雾灯开关时，两个前雾灯不亮，其他灯光正常。

2. 故障分析（图 5-11）

如果系统能够提示故障码，就按照故障码内容进行诊断。如果没有故障码提示，则按照故障概率进行诊断。两个前雾灯均不亮，因此根据故障概率，两个雾灯及其电路同时出现故障的概率比较低，还是应该用两个雾灯的公共控制部分进行分析，即从雾灯开关、J519 及相关电路进行分析。这里分别按照两种思路进行诊断。

3. 诊断思路一（允许读码进行诊断）

第一步：读取故障码

发现故障码 01500：雾灯、右（L23）断路/对正极短路。

根据故障码意义，可知右前雾灯电路存在故障，加之右前雾灯确实不亮，说明故障可能在：

1）J519 自身故障。

2）J519 与右前雾灯之间的电路故障。

3）右前雾灯自身故障。

4）右前雾灯搭铁故障。

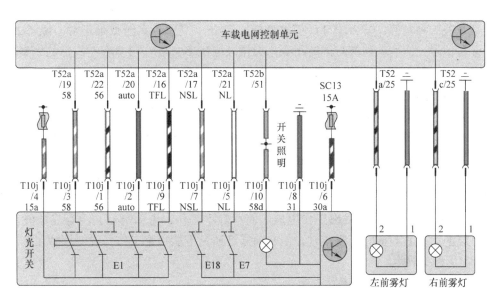

图 5-11

第二步：检查右前雾灯工作电压是否正常

打开点火开关，操作车灯开关到行车灯档或近光灯档，然后打开前雾灯开关，用万用表测量右前雾灯连接器1#、2#两个端子之间的电压。在正常情况下，应为0→+B。实测电压正常，说明J519向右前雾灯发出工作电压，而雾灯不工作，说明雾灯自身存在故障。更换新的雾灯灯泡后，右前雾灯恢复正常，但左前雾灯还是不能正常工作，说明故障在：

1）J519自身故障。

2）J519与左前雾灯之间电路故障。

3）左前雾灯自身故障。

4）左前雾灯搭铁故障。

第三步：检查左前雾灯工作电压是否正常

打开点火开关，操作车灯开关到行车灯档或近光灯档，然后打开前雾灯开关，用万用表测量左前雾灯连接器1#、2#两个端子之间的电压。在正常情况下，应为0→+B。实测为0→0.3V，说明上游电路有严重的虚接，从而造成电压损耗，可能原因为：

1）J519自身故障。

2）J519与左前雾灯之间电路故障。

第四步：检查J519电压输出是否正常

打开点火开关，操作车灯开关到行车灯档或近光灯档，然后打开前雾灯开关，用万用表测量左侧雾灯连接器T14c/7端子的搭铁电压。在正常情况下，应为0→+B，实测正常。由于左侧雾灯连接器T14c/7端子搭铁电压为+B，而左前雾灯插头2#电压为0.3V，说明左侧雾灯连接器T14c/7端子到左前雾灯插头2#之间的电路存在虚接故障。维修线束后，故障排除，系统恢复正常。

4. 诊断思路二（不允许读码进行诊断）

第一步：检查灯光开关输入信号是否正常

打开点火开关，操作车灯开关到行车灯档或近光灯档，然后打开前雾灯开关，用解码器读取雾灯开关的测量值：09 - 50/1（前雾灯档）断开→接通。实测结果正常，说明 J519 接收到了开关信号，而两个前雾灯同时不亮。根据故障概率，J519 自身存在故障的概率较高。

第二步：检查 J519 电压输出是否正常

打开点火开关，操作车灯开关到行车灯档或近光灯档，然后打开前雾灯开关，用万用表分别测量 J519 的 T52a/25 端子的搭铁电压。在正常情况下，应为 0→ + B。实测正常，说明 J519 发出了控制信号，而两个前雾灯同时不亮，可能原因在两个雾灯灯泡及其电路上。

第三步：检查右前雾灯工作电压是否正常

打开点火开关，操作车灯开关到行车灯档或近光灯档，然后打开前雾灯开关，用万用表测量右前雾灯连接器 1#、2#两个端子之间的电压。在正常情况下，应为 0→ + B。实测电压正常，说明 J519 向右前雾灯发出工作电压。而雾灯不工作，说明雾灯自身存在故障。更换新的雾灯灯泡后，右前雾灯恢复正常，但左前雾灯还是不能正常工作，说明故障在：

1）J519 自身故障。

2）J519 与左前雾灯之间电路故障。

3）左前雾灯自身故障。

4）左前雾灯搭铁故障。

第四步：检查左前雾灯工作电压是否正常

打开点火开关，操作车灯开关到行车灯档或近光灯档，然后打开前雾灯开关，用万用表测量左前雾灯连接器 1#、2#两个端子之间的电压。在正常情况下，应为 0→ + B。实测为 0→ 0.3V，说明上游电路有严重的虚接，从而造成电压损耗。结合 J519 输出为 0→ + B，可能原因为 J519 与左前雾灯之间电路故障。

第五步：检查 J519 与左前雾灯之间的电路是否正常

打开点火开关，操作车灯开关到行车灯档或近光灯档，然后打开前雾灯开关，用万用表测量左侧雾灯连接器 T14c/7 端子的搭铁电压。在正常情况下，应为 0→ + B，实测正常。由于左侧雾灯连接器 T14c/7 端子搭铁电压为 + B，而左前雾灯插头 2#的电压为 0.3V，说明左侧雾灯连接器 T14c/7 端子到左前雾灯插头 2#之间的电路存在虚接故障。维修线束后，故障排除，系统恢复正常。

案例8：示宽灯开关及近光灯电源断路的故障检修

1. 故障现象

1）打开点火开关，开启示宽灯档，示宽灯正常点亮，操作前后雾灯开关，前后雾灯均不亮。

2）开启近光灯档时，近光灯不亮，操作前后雾灯开关，前后雾灯正常点亮。

3）其他灯光正常。

2. 初步分析故障现象

开启近光灯档时，操作前后雾灯开关，前后雾灯正常点亮，说明近光灯开关、前后雾灯开关信号及雾灯线路均正常；但开启示宽灯档时，操作前后雾灯开关，前后雾灯均不亮，说明示宽灯档位时，雾灯工作的条件没有满足，即 J519 没有收到正确的示宽灯开关信号。

3. 可能的故障原因

1）E1 开关故障。

2）E1 至 J519 之间线路故障。

3）J519 局部故障。

系统相关电路如图 5-12 所示。

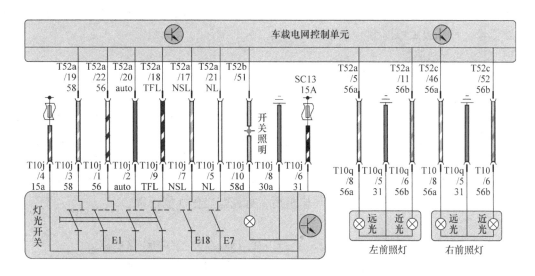

图　5-12

基于测量方便的原则，从开关处着手进行诊断。

4. 实施诊断

（1）测量 E1 的示宽灯档开关信号输出

打开点火开关，操作 E1 至示宽灯档，测量 T10j/3 的搭铁电压。测量结果为悬空电压→+B，标准为：0.5V→+B。测量结果说明示宽灯档时信号正常，可能的故障原因为：

1）E1 至 J519 之间的线路故障。

2）J519 局部故障。

（2）测量 J519 的示宽灯开关信号输入

打开点火开关，操作 E1 至示宽灯档，测量 T20a/19 的搭铁电压；测量结果为 0.5V→0.5V，标准为：0.5V→+B，测量结果异常。

由于在打开点火开关、未操作灯光开关时，T10j/3 至 T52a/19 之间线路一端为 0.5V，一端为悬空电压，说明 E1 开关（示宽灯档）T10j/3 到 J519 的 T52a/19 的线路存在断路。

简单修复线路后，发现示宽灯档位时雾灯工作恢复正常；但打开近光灯开关时，近光灯均不亮；其他灯光均正常。由于近光灯档时，操作前后雾灯开关，前后雾灯均正常点亮，说明 J519 收到正常的近光灯开关信号。两个近光灯均不亮的可能故障原因为：

1）J519 局部故障。

2）J519 与近光灯之间线路故障。

3）近光灯故障。

4）近光灯搭铁故障。

因为近光灯与远光灯共用搭铁线路，远光灯工作正常，所以暂时不考虑近光灯的搭铁故障。

（3）测量近光灯的供电电压

打开点火开关，操作近光灯开关，测量近光灯 M29 的 T10q/6 和 M31 的 T10/6 的搭铁电压；测量结果均为 0→0，标准均为：0→+B。测量结果均异常，说明近光灯没有收到 J519 的电源信号，可能故障原因为：

1）J519 局部故障。

2）J519 与近光灯之间的线路故障。

（4）测量 J519 的输出电压

打开点火开关，打开近光灯开关，测量 J519 的 T52a/11 和 T52c/52 的搭铁电压；测量结果均为 0→+B，标准均为：0→+B，测量结果均正常。

由于 T10q/6 至 T52a/11、T10/6 至 T52c/52 的电压差均为 +B，且一端为 0，说明左侧近光灯 M29 的 T10q/6 到 J519 的 T52a/11 之间的线路断路，右侧近光灯 M31 的 T10/6 至 J519 的 T52c/52 之间的线路断路。简单修复后，近光灯工作恢复正常。

（5）结论

1）E1 开关（示宽灯档）的 T10j/3 至 J519 的 T52a/19 之间的线路断路。

2）左侧近光灯 M29 的 T10q/6 至 J519 的 T52a/11 之间的线路断路。

3）右侧近光灯 M31 的 T10/6 至 J519 的 T52c/52 之间的线路断路。

5. 分析故障机理，提出维修建议

E1 开关（示宽灯档）的 T10j/3 至 J519 的 T52a/19 之间的线路断路，导致 J519 无法收到示宽灯开关信号，故操作雾灯开关时，前后雾灯都不亮。

左侧近光灯 M29 T10q/6 至 J519 的 T52a/11 之间的线路断路，右侧近光灯 M31 的 T10/6 至 J519 T52c/52 之间的线路断路，导致近光灯均不亮；

建议更换或修复相关线路。

案例 9：前雾灯开关及 E1 开关损坏的故障检修

1. 故障现象

1）打开点火开关，将灯光旋转开关转到示宽灯档时，示宽灯正常点亮；开启前雾灯开关，前雾灯不亮，开启后雾灯开关，后雾灯不亮，但此时近光灯异常点亮。

2）将灯光旋转开关转到近光灯档位时，近光灯正常点亮；开启前雾灯开关，前雾灯不亮，开启后雾灯开关，后雾灯不亮。

3）其他灯光正常。

系统相关电路图如图 5-13 所示。

2. 初步分析故障现象

开启示宽灯档时，示宽灯正常，近光灯没有点亮，说明没有进入应急模式、示宽灯开关信号正常；开启前雾灯开关，前雾灯不亮；开启后雾灯开关，后雾灯不亮，但近光灯异常点亮，说明 J519 没有收到正确的前雾灯开关信号，致使灯光系统进入应急模式，异常点亮近

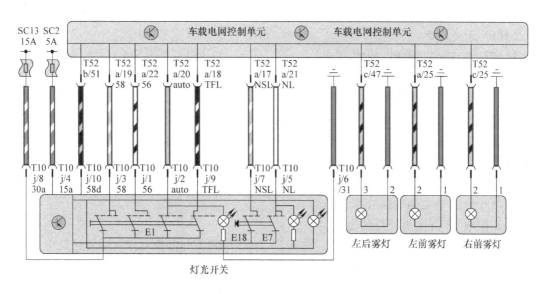

图 5-13

光灯。

可能的故障原因：

1）E7 开关故障。

2）E7 开关至 J519 线路故障。

3）J519 局部故障。

基于测量方便的原则，先从开关处进行测量。

3. 实施诊断

（1）测量前雾灯开关 E7 的信号输出

打开点火开关，打开示宽灯档，操作前雾灯开关，测量前雾灯开关 E7 的 T10j/5 端子的搭铁电压；测量结果为 0→+B，标准为：0→+B，测量结果正常。

造成开关信号输入异常的可能的故障原因为：

1）E7 至 J519 线路故障。

2）J519 局部故障。

（2）测量 J519 的前雾灯开关信号输入

打开点火开关，打开示宽灯档，操作前雾灯开关，测量 J519 的 T52a/21 的搭铁电压；测量结果为：0→0，标准为：0→+B，测量结果为异常。

T10j5 至 T52a/21 之间的电压差为 +B，且一端为 0，说明 T10j5 至 T52a/21 之间的线路断路；简单修复线路后，在开启示宽灯档时，前后雾灯工作恢复正常，近光灯也不再点亮；但开启近光灯开关时，近光灯点亮，开启前、后雾灯开关，前、后雾灯均不亮，其他灯光正常。

示宽灯档时，前后雾灯正常点亮，说明前后雾灯开关及雾灯灯光线路工作正常，近光灯档时，前后雾灯不亮，说明雾灯工作的条件没有满足，即 J519 没有收到正确的近光灯开关信号。

可能的故障原因为：

1）E1 开关故障。

2）E1 至 J519 之间线路故障。

3）J519 局部故障。

（3）测量 J519 的近光灯开关信号输入

打开点火开关，操作近光灯开关，测量 J519 的 T52a/22 的搭铁电压；测量结果为 0.5V→0.5V，标准为 0.5V→+B。测量结果异常，说明 J519 没有收到正确的近光灯开关信号。

可能的故障原因为：

1）E1 开关故障。

2）E1 至 J519 之间线路故障。

（4）测量 E1 开关近光灯信号输出

打开点火开关，操作近光灯开关，测量 E1 开关 T10j/1 的搭铁电压；测量结果为悬空电压→+B，标准为 0.5V→+B，测量结果说明近光档时信号正常。

由于在打开点火开关、未操作灯光开关时，T10j/1 至 T52a/22 之间线路一端为 0.5V，一端为悬空电压，说明 E1 开关 T10j/1 至 J519 的 T52a/22 之间的线路存在断路。修复线路后，故障排除。

（5）诊断结论

1）前雾灯开关 E7 的 T10j/5 至 J519 的 T52a/21 之间的线路断路。

2）E1 开关（近光灯档）T10j/1 至 J519 的 T52a/22 之间的线路断路。

4. 分析故障机理，提出维修建议

前雾灯开关 T10j/5 至 J519 的 T52a/21 的线路断路，导致 J519 无法收到前雾灯开关信号。将灯光旋转开关置于示宽灯档，打开后雾灯开关后，灯光系统进入应急状态，异常点亮近光灯。

E1 开关（近光灯档）T10j/1 至 J519 的 T52a/22 的线路断路，导致 J519 无法收到近光灯开关信号。在打开近光灯档时，灯光系统进入应急状态而点亮近光灯，开启前后雾灯时，前后雾灯点亮的条件不能满足，前后雾灯均不亮。

更换或修复相关线路。

案例 10：前雾灯开关 E7 及近光灯电源同时断路的故障检修

1. 故障现象

1）打开点火开关，将灯光旋转开关置于示宽灯档时，示宽灯正常，前后雾灯均不亮。

2）打开近光灯档，近光灯不亮；打开前雾灯开关，前雾灯不亮；打开后雾灯开关，后雾灯点亮。

3）其他灯光正常。

2. 初步分析故障现象

打开近光灯档时，近光灯不亮，但后雾灯正常点亮，说明 J519 已收到正确的近光灯开关信号（由现象说明后雾灯开关及后雾灯正常，但在示宽灯档时，前后雾灯均不亮，因为近光灯故障，还不能缩小前雾灯不亮的可能原因，所以应先从近光灯故障处下手）。

可能的故障原因：

1）J519 局部故障。

2）J519 至 M29、M30 之间的线路故障。

3）M29、M30 故障。

4）M29、M30 搭铁故障。

因为近光灯与远光灯共用搭铁线路，远光灯工作正常，所以暂时不考虑近光灯的搭铁故障。

3. 系统相关电路（图 5-14）

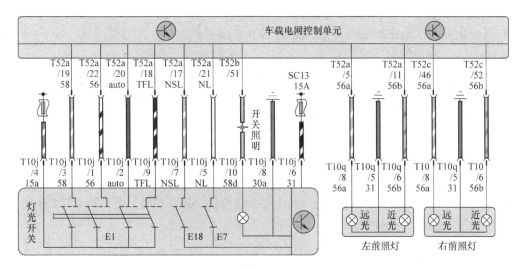

图 5-14

4. 实施诊断

（1）测量近光灯的供电电压

打开点火开关，打开近光灯开关，测量近光灯 M29 的 T10q/6、M30 的 T10/6 的搭铁电压。测量结果为：0 不变，标准为 0→＋B。测量结果异常，说明近光灯没有收到 J519 的供电信号。

可能的故障原因：

1）J519 局部故障。

2）J519 至近光灯 M29、M30 之间线路故障。

（2）测量 J519 的输出电压

打开点火开关，打开近光灯开关，测量 J519 的 T52a/11、T52c/52 的搭铁电压。测量结果为：0→＋B，标准为 0→＋B。测量结果均正常。

T10q/6 至 T52a/11、T10/6 至 T52c/52 的电压差均为＋B，且一端电压为 0，说明左侧近光灯 M29 的 T10q/6 至 J519 的 T52a/11 的线路断路，右侧近光灯 M31 的 T10/6 至 J519 的 T52c/52 的线路断路。

简单修复线路后，再次检查故障现象为：打开示宽灯档时，前后雾灯均不亮，但在打开后雾灯档时，近光灯异常点亮；打开近光灯档时，前雾灯不亮，后雾灯正常点亮，其他灯光正常。

分析：开启示宽灯档时，近光灯没有点亮，说明示宽灯开关信号正常；但前、后雾灯均不亮，当开启后雾灯开关时，近光灯异常点亮，说明 J519 没有收到正确的前雾灯开关信号，致使灯光系统进入应急模式，异常点亮近光灯。

可能的故障原因：

1）E7 故障。

2）E7 至 J519 之间线路故障。

3）J519 局部故障。

基于测量方便的原则，先检查前雾灯开关的输出信号。

（3）测量前雾灯开关 E7 的信号输出

打开点火开关，操作前雾灯开关，测量 T10j/5 的搭铁电压。测量结果为：0→ + B，标准为：0→ + B，测量结果正常。

可能的故障原因为：

1）E7 至 J519 之间故障。

2）J519 局部故障。

（4）测量 J519 的前雾灯开关信号输入

打开点火开关，打开示宽灯档，操作前雾灯开关，测量 J519 的 T52a/21 的搭铁电压。测量结果为：0→0，标准为：0→ + B。测量结果为异常。

T10j5 至 T52a/21 之间的电压差为 + B，且一端为 0，说明 T10j5 至 T52a/21 之间的线路断路。简单修复线路后，故障排除。

5. 诊断结论

1）左前近光灯 T10q/6 至 J519 的 T52a/11 之间的线路断路。

2）右前近光灯 T10/6 至 J519 的 T52a/52 之间的线路断路。

3）前雾灯开关 TT10j/5 至 J519 的 T52a/21 之间的线路断路。

6. 故障机理及维修建议

1）前雾灯开关 E7 的 T10j/5 至 J519 的 T52a/21 之间的线路断路，使得 J519 无法收到前雾灯开关信号，导致操作雾灯开关时，前后雾灯都不亮。

2）左侧近光灯 M29 的 T10q/6 至 J519 的 T52a/11 之间的线路断路，右侧近光灯 M31 的 T10/6 至 J519 的 T52c/52 之间的线路断路，导致近光灯均不亮。

3）建议更换或修复相关线路。

案例 11：前雾灯开关 E7 及后雾灯电源同时断路的故障检修

1. 故障现象

1）打开点火开关，将灯光旋转开关转到示宽灯档时，示宽灯正常点亮；开启前雾灯开关，前雾灯不亮；开启后雾灯开关，后雾灯不亮，但此时近光灯异常点亮。

2）将灯光旋转开关转到近光灯档时，近光灯正常点亮；开启前雾灯开关，前雾灯不亮；开启后雾灯开关，后雾灯不亮。

3）其他灯光正常。

2. 系统相关电路（图 5-15）

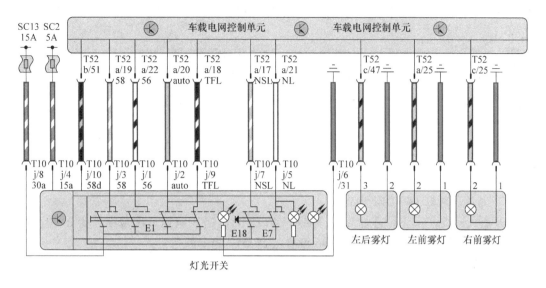

图 5-15

3. 初步分析故障现象

开启示宽灯档时，示宽灯正常，近光灯没有点亮，说明没有进入应急模式，示宽灯开关信号正常；此时开启前雾灯开关，前雾灯不亮，开启后雾灯开关，后雾灯不亮，但近光灯异常点亮，说明 J519 没有收到正确的前雾灯开关信号，致使灯光系统进入应急模式，异常点亮近光灯。

可能的故障原因：

1）E7 开关故障。

2）E7 开关至 J519 线路故障。

3）J519 局部故障。

基于测量方便的原则，先从开关处进行测量。

4. 实施诊断

（1）测量前雾灯开关 E7 的信号输出

打开点火开关，打开示宽灯档，操作前雾灯开关，测量前雾灯开关 E7 的 T10j/5 端子的搭铁电压。测量结果为 $0 \rightarrow +B$。标准为 $0 \rightarrow +B$，测量结果正常。

造成开关信号输入异常的可能的故障原因为：

1）E7 至 J519 线路故障。

2）J519 局部故障。

（2）测量 J519 的前雾灯开关信号输入

打开点火开关，打开示宽灯档，操作前雾灯开关，测量 J519 的 T52a/21 的搭铁电压；测量结果为：$0 \rightarrow 0$，标准为 $0 \rightarrow +B$，测量结果为异常。

T10j/5 至 T52a/21 之间的电压差为 $+B$，且一端为 0，说明 T10j/5 至 T52a/21 之间的线路断路。

简单修复线路后，在开启示宽灯档时，前雾灯工作恢复正常，近光灯也不再点亮，但后雾灯依然不亮；开启近光灯开关时，近光灯点亮，前雾灯正常点亮，但后雾灯不亮，其他灯光正常。

在上一步时，因为前雾灯开关线路故障，导致开启后雾灯开关时，灯光系统进入应急模式，说明 J519 已经收到正常的后雾灯开关信号；加上后雾灯和别的灯光共用搭铁，而别的灯光工作正常，所以暂时不考虑搭铁故障。

因此，造成后雾灯不亮的可能的故障原因：

1）L46 灯泡故障。

2）L46 至 J519 线路故障。

3）J519 局部故障。

（3）测量后雾灯 L46 的供电电压

打开点火开关，操作后雾灯开关，测量 L46 的 3# 的搭铁电压。测量结果为 0→0，标准为 0→+B。测量结果为异常，说明 L46 没有收到 J519 的电源信号。

可能的故障原因为：

1）L46 至 J519 线路故障。

2）J519 局部故障。

（4）测量 J519 的输出电压

打开点火开关，操作后雾灯开关，测量 J519 的 T52c/47 的搭铁电压。测量结果为 0→+B，标准为 0→+B，测量结果为正常。

由于 L46 的 3# 至 J519 的 T52c/47 之间的电压差为 +B，且一端为 0，说明 L46 的 3# 至 J519 的 T52c/47 之间的线路断路。简单修复后，故障排除。

5. 诊断结论

1）前雾灯开关 E7 的 T10j/5 至 J519 的 T52a/21 之间的线路断路。

2）后雾灯 L46 的 3 至 J519 的 T52c/47 之间的线路断路。

6. 分析故障机理，提出维修建议

1）前雾灯开关 T10j/5 至 J519 的 T52a/21 的线路断路，导致 J519 无法收到前雾灯开关信号。将灯光旋转开关置于示宽灯档，打开后雾灯开关后，灯光系统进入应急状态，异常点亮近光灯；后雾灯 L46 的 3# 至 J519 的 T52c/47 之间的线路断路，导致在开启后雾灯开关时，后雾灯无法正常点亮。

2）更换或修复相关线路。

案例 12：前雾灯电源及近光灯开关线路同时断路的故障检修

1. 故障现象

1）打开点火开关，将灯光旋转开关置于示宽灯档时，示宽灯正常；操作前后雾灯开关，前雾灯不亮，后雾灯正常。

2）打开近光灯档，近光灯点亮；打开前雾灯开关，前雾灯不亮；打开后雾灯开关，后雾灯不亮。

3）其他灯光正常。

2. 初步分析故障现象

将灯光旋转开关置于示宽灯档时，后雾灯正常点亮，说明前雾灯开关信号正常；将灯光旋转开关置于近光灯档时，前后雾灯均不亮，说明 J519 没有收到正确的近光灯开关信号。

3. 可能的故障原因

1）J519 局部故障。

2）J519 至 E1 之间的线路故障。

3）E1 故障。

基于测量方便的原则，先检查近光灯开关的输出信号。

4. 系统相关电路（图 5-16）

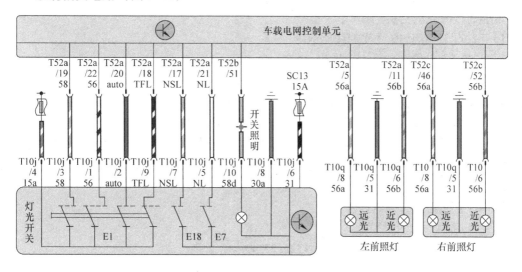

图 5-16

5. 实施诊断

（1）测量近光灯开关的输出信号

打开点火开关，操作近光灯开关，测量 E1 开关 T10j/1 的搭铁电压；测量结果为悬空电压→ + B，标准为 0.5V → + B。测量结果说明近光灯档时信号正常。

可能的故障原因：

1）J519 局部故障。

2）J519 至近光灯 E1 之间线路故障。

（2）测量 J519 的近光灯开关信号输入

打开点火开关，操作近光灯开关，测量 J519 的 T52a/22 的搭铁电压；测量结果为 0.5V → 0.5V；标准为：0.5V → + B。测量结果异常，说明 J519 没有收到正确的近光灯开关信号。

由于在打开点火开关、未操作灯光开关时，T10j/1 至 T52a/22 之间线路一端为 0.5V，一端为悬空电压，说明 E1 开关 T10j/1 至 J519 的 T52a/22 之间的线路存在断路，修复线路后故障排除。

简单修复线路后，再次检查故障现象为：将灯光旋转开关旋至示宽灯档时，前雾灯不亮，后雾灯正常；近光灯档时，前雾灯不亮，后雾灯正常点亮，其他灯光正常。

（3）分析

开启示宽灯档时，前雾灯都不亮，后雾灯正常，说明 J519 已收到正确的前雾灯开关信号。

可能的故障原因：

1）L22/L23 故障。

2）L22/L23 至 J519 之间的线路故障。

3）J519 局部故障。

（4）测量前雾灯的电源信号

打开点火开关，操作前雾灯开关，测量 L22/L23 的 2# 的搭铁电压，测量结果为 0→0，标准为 0→+B，测量结果异常。

可能的故障原因为：

1）L22/L23 至 J519 之间的线路故障。

2）J519 局部故障。

（5）测量 J519 的前雾灯开关信号输入

打开点火开关，打开示宽灯档，操作前雾灯开关，测量 J519 的 T52a/25 和 T52c/25 的搭铁电压；测量结果均为 0→+B，标准为 0→+B，测量结果为正常。

L22/L23 的 2# 至 T52a/25 和 T52c/25 之间的电压差为 +B，且一端为 0，说明左前雾灯 L22 的 2# 至 J519 的 T52a/25 之间的线路断路，右前雾灯 L23 的 2# 至 J519 的 T52c/25 之间的线路断路。

简单修复线路后，故障排除。

6. 诊断结论

1）左前雾灯 L22 的 2# 至 J519 的 T52a/25 的线路断路。

2）右前雾灯 L23 的 2# 至 J519 的 T52c/25 的线路断路。

3）近光灯开关 E1 的 T10j/1 至 J519 的 T52a/22 的线路断路。

7. 故障机理及维修建议

1）近光灯开关 E1 的 T10j/1 至 J519 的 T52a/22 之间的线路断路，导致 J519 无法收到近光灯开关信号，导致操作雾灯开关时，前后雾灯都不亮。

2）左前雾灯 L22 的 2# 至 J519 的 T52a/25 之间的线路断路，右前雾灯 L23 的 2# 至 J519 的 T52c/25 之间的线路断路，导致前雾灯不亮。

3）建议更换或修复相关线路。

竞赛试题六：
后视镜异常的故障检修

案例1：J387 内两条舒适 CAN 总线均断路，E43 上下调节电路断路的故障检修

注意：关闭车门及点火开关的情况下设置故障，故障设置完成后拔下钥匙，锁闭车门。

1. 故障现象

打开点火开关或起动车辆，驾驶人侧玻璃升降器开关无法操作右侧前后车窗玻璃升降器的升降，但可以正常控制左侧前后车窗玻璃升降器的升降；同时关闭所有车门后，操作中控锁按钮和遥控器落锁，右侧前后门无法落锁，其他车门正常；操作后视镜，左侧后视镜均无法上下调节，但可以左右调节，右侧后视镜无法调节；向右拨动转向灯开关，右侧后视镜上的转向指示灯无法正常工作；打开灯光开关，右侧车门上的玻璃升降器开关照明灯不能正常点亮。

2. 故障分析（图6-1）

右侧车门上的所有功能均失效，说明 J387 无法接收到来自 J386、J519、J393 的控制信号；J387、J927 都无法接收到点火开关或唤醒指令，因此右侧车门升降器的开关也无法控制。左侧后视镜只能左右调节，无法上下调节，可能是开关故障，也可能是 J386 或后视镜调整电动机及其电路故障，需要借助右侧后视镜的工作状态进行判定，只是当前右侧后视镜根本不工作。

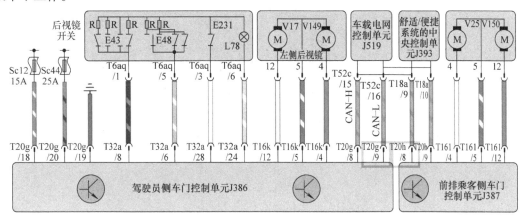

图 6-1

如果有故障码提示，则可以按照故障码的含义进行故障诊断。如果没有故障码，就需要按照故障现象分区域进行诊断。

3. 诊断思路

第一步：读取故障码

扫描网关列表，地址码42无法达到，也就是解码器无法与J387进行通信。造成该故障的主要原因为：

1）J387自身及其电源电路故障。

2）J386到节点之间的CAN总线故障。

第二步：检查J387处的CAN总线信号是否正常

打开点火开关，反复操作中控门锁开关或后视镜调整开关、驾驶人左侧除前门以外的玻璃升降器开关，用双通道示波器同时测量 CAN-H、CAN-L 信号波形。在正常情况下，应测得图 6-2 所示的波形，实测正常。

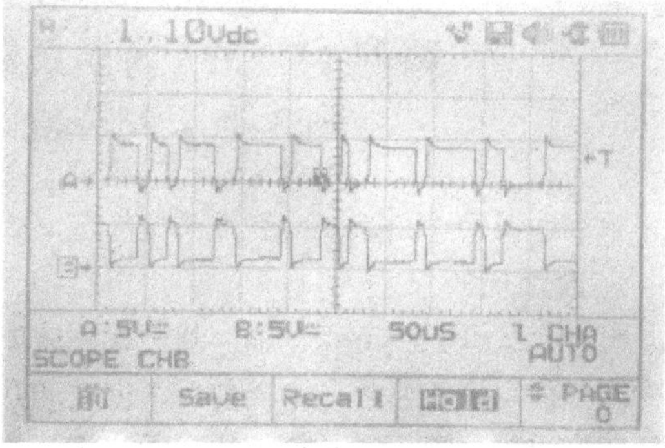

由于在J387处测得的波形未见异常，而解码器不能进入J387，说明J387自身通信存在问题的可能性较大，可能原因为：

1）J387自身及其电源电路故障。

2）J386到节点之间的CAN总线故障。

图 6-2

第三步：检查J387自身CAN信号是否正常

由于 CAN 总线信息传递的双向性，即使在断开 J387 的 CAN-H、CAN-L 连接线的情况下，只要有电源供给，J387 上的 CAN-H、CAN-L 端子也应该输出波形。因此，用专用工具退出 J387 的 T20h/8 和 T20h/9 电气连接器，用示波器同时测量 J386 一侧的 CAN-H、CAN-L 对搭铁波形。在正常情况下，应测得图 6-3a 所示的标准波形，实测为类似图 6-3b 两条直线。由此可以判断出 J387 自身通信确实存在故障，可能原因为 J387 自身及其电源电路故障。

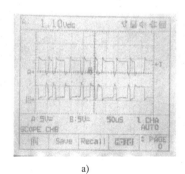

a) 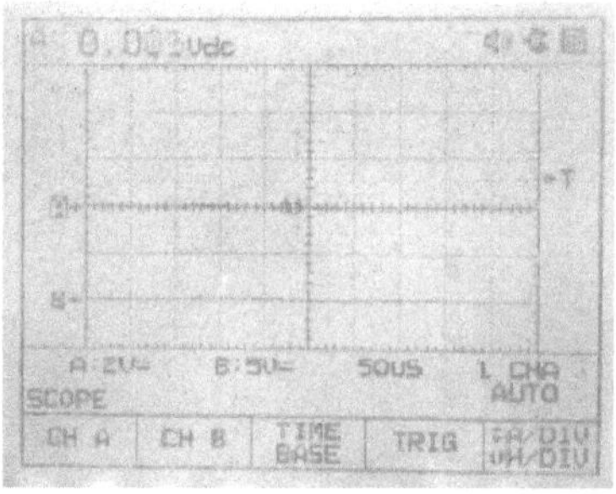   b)

图 6-3

第四步：J387供电及搭铁检查

用万用表测量 J387 的 T20j/18、T20j/19、T20j/20 的搭铁电压。在正常情况下，T20j/19 搭铁电压为搭铁电压，T20j/18、T20j/20 搭铁电压应为蓄电池正极电压。实测结果正常，说明 J387 自身确实存在故障，建议更换试验。

更换新的 J387，进行必要的设定后，打开点火开关，仪表显示无异常，右侧车窗玻璃升降正常，门锁正常。调节后视镜时，左侧、右侧只有左右方向能调节，上下方向无法调节。根据后视镜调整开关的结构和工作原理，在不同的档位串入不同的电阻，从而改变方波信号的幅值。由于左右调节正常，说明此时开关信号没有问题，而造成无法上下调节的原因就可能是 J386 接收到错误的开关信号。主要原因有：

1）J387 自身故障。

2）E43 自身故障。

第五步：读取故障码

无故障码，只能根据控制逻辑进行诊断。一种方法是测量 E48 的信号输出是否正常来判定故障所在；另一种方法是利用执行元件诊断功能驱动左侧后视镜调节来判定故障所在。

第六步：检查开关 E43 的信号输出是否正常

打开点火开关，反复操作 E43 开关，用示波器测量 E43 的 T6aq/1 的对搭铁波形。在正常情况下，在不同档位时会测得不同幅值的方波脉冲信号。

实测结果：在 E43 开关上下调整时信号输出相对空载波形幅值没有变化。E43 开关的工作原理是不同档位时在电路中串入不同的电阻，由于开关左右调整时信号输出正常，说明开关电源和搭铁电路正常。信号输出异常的原因就在于开关自身故障，应更换。更换后视镜开关后，故障解除，系统恢复正常。

案例 2：J386 端的 T20g/9、J387 端的 T20h/8 内部断路，后视镜调节转换开关（E48）触点损坏的故障检修

注意：关闭车门及点火开关的情况下设置故障，故障设置完成后拔下钥匙，锁闭车门。

1. 故障现象

驾驶人侧玻璃升降器开关无法控制右侧车窗玻璃升降，其他车门玻璃升降器工作正常；操作后视镜，右侧后视镜无法调节；操作中控门锁开关，所有中控锁电动机均可以正常工作；向右拨动转向灯开关，右侧后视镜上的转向指示灯可以正常工作；打开灯光开关，右侧车门上的玻璃升降器开关照明灯可以正常点亮。

2. 故障分析（图 6-4）

中控门锁、玻璃升降器开关照明灯工作正常，说明中控锁开关与 J386、J387、J926、J927、J393 之间的通信没有中断；位于左前门的玻璃升降器开关和后视镜调整开关无法控制右侧车门的运行，说明 J386 与 J387 之间的 CAN 总线存在通信故障。两者综合，CAN – H、CAN – L 均有（断路）故障，并且断点分布在不同的部位，单线通信模式不影响舒适性控制单元和四个车门控制单元之间的通信。

如果系统有故障码提示，则按照故障码指示的内容进行诊断，如果没有故障码，则需要根据故障概率进行诊断。

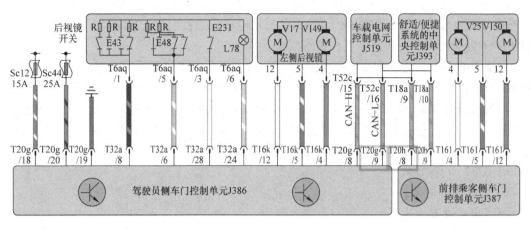

图 6-4

3. 故障诊断

第一步：扫描网关列表

发现地址码 42 和 52 无法达到，但别的单元可以到达，说明网关与 J386 和 J387 之间均通信异常，可能原因为：

1）J386 自身故障。

2）J387 自身故障。

3）CAN 总线故障。

诊断时，应先排除 CAN 总线故障，再排除元器件故障。因为网关可以到达其他单元，只是不能到 J386 和 J387，所以可以从 J386 或 J387 连接器处开始进行测量，确定故障所在。

第二步：测量 J386 的 CAN 总线信号输出

关闭点火开关，断开 J387 端的电气连接器（含 CAN 总线），然后打开点火开关。操作驾驶人侧的右窗玻璃升降器开关或后视镜调整开关，用示波器的双通道功能同时测量 J387 端电气连接器的 T20h/8、T20h/9 的对搭铁信号波形。在正常情况下，应测得图 6-5a 所示的波形，实测为图 6-5b 所示的波形。

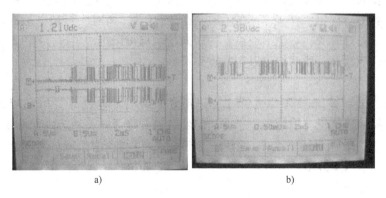

a)   b)

图 6-5

通过波形可以看出，CAN－H 信号基本正常，而 CAN－L 信号为一条电压值为 0 直线，可能原因为：

1）测试点到 J386 之间的电路断路。

2）测试点到 J386 之间的电路搭铁短路（如果波形有明显的振荡，这种故障可能应可以排除）。

3）J386 自身故障，从而造成 CAN－L 没有波形信号输出。

第三步：测量 J387 的 CAN 总线信号输出

关闭点火开关，连接 J387 端的电气连接器，断开 J386 端的电气连接器（含 CAN 总线），然后打开点火开关，操作前排乘客侧的玻璃升降器开关，用示波器的双通道功能同时测量 J383 端电气连接器的 T20j/8、T20j/9 的对搭铁信号波形。在正常情况下，应测得图 6-6a 所示的波形，实测为图 6-6b 所示的波形。

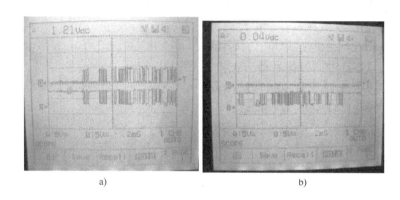

a)   b)

图 6-6

通过波形可以看出，CAN－L 信号基本正常，而 CAN－H 信号为一电压值为 0 直线。结合上步测试说明，J386 与 J387 之间电路没有异常搭铁和断路故障，造成上步中 CAN－L 信号异常的原因可能是 J386 及其电路连接器故障；造成该步中 CAN－H 信号异常的原因可能是 J387 及其电路连接器故障。

在仔细检查 J386、J387 的电气连接器没有故障的情况下，只能确认 J386、J387 自身故障。更换控制单元、进行必要编码（有时不需要）后，清除故障码，试验发现所有车门的玻璃升降器可以正常工作，但左、右后视镜不能同时调节，但右侧后视镜可以单独调节。

右侧后视镜可以单独进行正常工作，说明 J386 与 J387 之间通信正常、E43 开关工作正常、右侧后视镜及其电路工作正常。因此造成后视镜开关无法同时调整左右后视镜的主要原因可能就在开关内部了，当然左侧后视镜及其电路，包括 J386 也有故障的可能，但相对概率较低。

第四步：读取故障码

无故障码，只能根据控制逻辑进行诊断。一种方法是测量 E48 的信号输出是否正常来判定故障所在；另一种方法是利用执行元件诊断功能驱动左侧后视镜调节来判定故障所在。

第五步：检查开关 E48 的信号输出是否正常

打开点火开关，反复操作 E48 开关，用示波器测量 E48 的 T6aq/5 的对搭铁波形。在正常情况下，在不同档位时会测得不同幅值的方波脉冲信号，如图 6-7 所示。

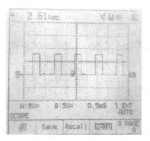
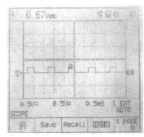

| a)正常波形：空档 | b)正常波形：调左 | c)正常波形：调右 |

图 6-7

实测结果如图 6-8 所示，说明在 E48 开关调整到左侧时信号输出异常。E48 开关的工作原理是左右档位时在电路中串入不同的电阻。由于开关调整到右侧时信号输出正常，说明开关电源和搭铁电路正常。信号输出异常的原因就在于开关自身故障，应更换。

更换后视镜开关后，故障解除，系统恢复正常。

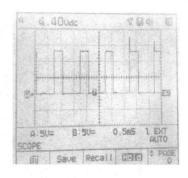

图 6-8

案例 3：J386 内两条舒适 CAN 总线均断路，右侧后视镜电动机 V25 电路断路的故障检修

注意：在关闭车门及点火开关的情况下设置故障，故障设置完成后拔下钥匙，锁闭车门。

1. 故障现象

打开点火开关，驾驶人侧控制开关无法操作其他车窗升降，但能控制自身车窗正常升降，其余车门上的玻璃升降器开关无法控制自身玻璃升降器的运行；关闭所有车门后，操作中控锁按钮，所有车门均无法落锁，但遥控器能控制右侧车门及行李箱动作；操作后视镜调节开关，只有左侧可以调节；向右拨动转向灯开关，右侧后视镜上的转向指示灯无法正常工作；打开灯光开关，右侧及左后车门上的玻璃升降器开关照明灯不能正常点亮。

2. 故障分析（图 6-9）

由于左后、右前、右后车门的左右功能失效，说明故障很可能集中在 J386 与其他单元通信问题上；J386 的 CAN 总线不能正常通信时也会影响到自身 LIN 总线的工作，从而造成左后门功能失效；遥控器能控制右侧车门及行李箱的动作说明故障应该在靠近 J386 一端的 CAN 总线中没有节点的区域内。

如果有故障码提示，则可以按照故障码的含义进行故障诊断。如果没有故障码，则需要按照故障现象分区域进行诊断。

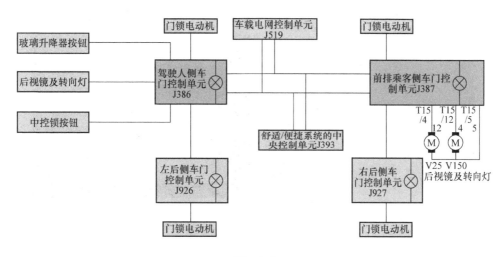

图 6-9

3. 诊断思路

第一步：读取故障码

扫描网关列表，地址码42无法达到，也就是解码器无法与J386进行通信。驾驶人侧开关可以控制自身玻璃升降器、门锁电动机、电动后视镜的运行，因此排除J386的供电、搭铁故障。造成该故障的主要原因为：

1）J386自身故障。

2）J386到节点之间的CAN总线存在故障。

第二步：检查J386处的CAN总线信号是否正常

打开点火开关，反复操作中控门锁开关或后视镜调整开关、驾驶人侧除左前门以外的玻璃升降器开关，用双通道示波器同时测量CAN-H、CAN-L信号波形。在正常情况下，应测得图6-10所示的波形，实测正常。

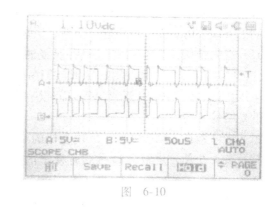

图 6-10

在J386处测得的波形未见异常，而解码器唯独不能进入J386，说明J386自身存在问题的可能性较大，因此有必要确认J386的自身通信故障。

第三步：检查J386自身CAN信号是否正常

由于CAN总线信息传递的双向性，即使在断开J386的CAN-H、CAN-L连接线的情况下，只要有电源供给，J386上的CAN-H、CAN-L端子也应该输出波形。因此，用专用工具退出J386的T20h/8和T20h/9电气连接器，用示波器同时测量J386一侧的CAN-H、CAN-L对搭铁波形。在正常情况下，应测得图6-11a所示的标准波形，实测为类似图6-11b所示的两条直线。由此可以判断出J386自身确实存在故障，建议更换。

更换新的J386并进行必要的设定后，打开点火开关，仪表显示无异常，玻璃升降正常，

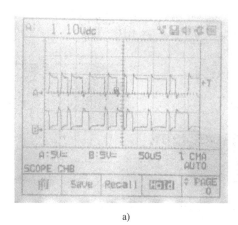
a)

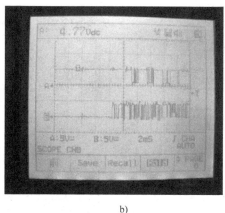
b)

图 6-11

门锁正常。调节后视镜时，左侧正常，右侧只有上下能调节，左右方向无法调节。由于后视镜调整开关可以正常控制左侧后视镜四个方向的调节和右侧后视镜的上下调节，说明后视镜开关、J386 单元和通信线路工作正常。因此造成右侧后视镜不能左右调节的主要原因有：

1）J387 自身故障。

2）J387 与 V25 之间的控制信号电路故障。

3）V25 自身故障。

注意：V150 可以正常工作，因此可以暂时认为 V25 搭铁没有问题。

第四步：识别右侧后视镜 V25 电动机的控制信号端子

根据电路图可以知道，T16t/5 端子属于 V25、V150 公共控制端，然后每个电动机对应一个单独的控制信号电路。根据电路图不能识别哪个电动机是控制左右调节的，哪个电动机是控制上下调节的。因此需要进行识别，识别方法如下：

打开点火开关，反复调整右侧后视镜的上下角度，用万用表测量右侧后视镜连接器 T16t/4、T16t/12（后视镜一侧）端子与 T16t/5 端子之间的电压。发现 T16t/12 与 T16t/5 之间有电压切换，而 T16t/4 与 T16t/5 之间没有电压切换，说明 T16t/12 属于右侧后视镜上下调节的控制信号端子。

第五步：检查右侧后视镜 V25 电动机的工作电压是否正常

打开点火开关，反复调整右侧后视镜的左右角度，用万用表测量右侧后视镜连接器 T16t/4（后视镜一侧）端子与 T16t/5 端子之间的电压值。在正常情况下，应该在 +B、0、−B 之间切换。实测正常，说明 J387 信号输入正常。右侧后视镜包括线束是一个总成，不拆解无法判定是电动机损坏还是电路损坏，因此只能总成更换。更换右侧后视镜总成后，故障排除，系统恢复正常。

竞赛试题七：
玻璃升降器异常的故障检修

建议：教师可以参考以下典型案例组织学生实训。

案例1：J927 内 LIN 线搭铁短路，
E713 的 T4an/1#内部断路的故障检修

注意：在关闭点火开关、打开车门的情况下设置故障，故障设置完成后拔下钥匙，锁闭车门。

1. 故障现象

驾驶人侧和右后车门上的玻璃升降器开关均无法控制右后车窗玻璃升降机工作，其他车窗工作正常；关闭所有车门，仪表板上显示右后车门开启状态；操作中控锁按钮，所有车门均无法落锁，除右后车门外，其余车锁可以开锁；遥控器能控制除右后车门以外包括行李箱的运行；打开示宽灯档时，右后门玻璃升降器按钮上照明灯不亮，其余正常。

2. 故障分析（图7-1）

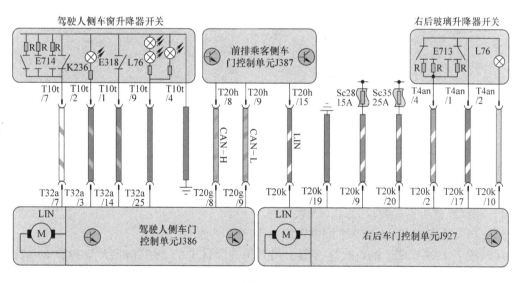

图　7-1

由于驾驶人侧和右后车门上的玻璃升降器开关均无法控制右后车窗玻璃升降机工作，加之关闭所有车门，仪表中显示右后车门开启状态；中控锁和遥控钥匙均无法使右后车门落锁，打开示宽灯档时，右后门玻璃升降器按钮上的照明灯不亮，说明 J927 与 J387 之间的通信存在故障，造成 J927 始终处于休眠状态，右后车门上的玻璃升降器开关也无法控制右后车窗玻璃升降机工作，当然也不排除别的故障。

如果系统有故障码提示，则按照故障码指示的内容进行诊断。如果没有故障码，则需要根据故障概率进行诊断。

3. 诊断流程

第一步：读取故障码

地址码 52 中：010002，本地数据总线无通信，未达到上限。

根据故障码可以看出，J387 与 J927 之间 LIN 线上的电位未达到理想的高度，从而影响到 J387 与 J927 之间的通信，导致右后门的所有功能失效。其他车门功能正常，说明 J387 供电、搭铁及相应的控制电路没有问题，造成故障的主要原因有：

1）J387 自身故障。

2）J387 与 J927 之间电路故障。

3）J927 自身故障及电源电路故障。

第二步：检查 J927 端的 LIN 线信号是否正常

打开点火开关，操作驾驶人侧的右后车门玻璃升降器开关或中控门锁开关，用示波器测量 J927 的 T20k/8 端子对搭铁的波形。在正常情况下，应测得图 7-2a 所示的波形，实测为图 7-2b 所示的波形（异常）。

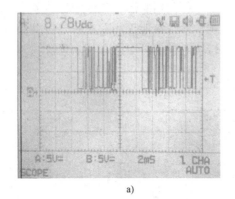
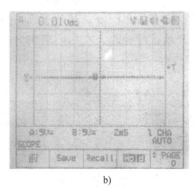

a)　　　　　　　　　　　　　　　　b)

图　7-2

实测结果说明，LIN 总线波形始终处于低电位，故障原因可能为：

1）J387 到 J927 之间 LIN 搭铁短路。

2）测试点到 J387、J927 之间 LIN 线断路。

第三步：检查 J387 与 J927 之间的电路是否搭铁短路

同时拔下 J387、J927 的电气连接器，用万用表测量 J387 的 T20h/15 至 J927 的 T20k/8 之间的导通性，以及两个端子对搭铁电阻。在正常情况下，两个端子之间的电阻应小于 0.5Ω，对搭铁电阻应为无穷大。实测结果正常，说明 J387 或 J927 内 LIN 线存在搭铁短路或断路。

第四步：检查 J927 线束端的 LIN 线信号是否正常

拔下 J927 的电气连接器，打开点火开关，操作驾驶人侧的右后车门玻璃升降器开关或中控门锁开关，用万用表测量 J927 连接器线束端 T20k/8 端子对搭铁波形。在正常情况下，应测得图 7-3 的波形，实测结果正常。

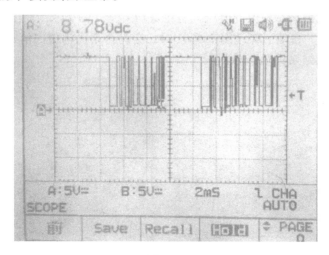

图　7-3

注意：在打开点火开关或操作中控门锁开关、驾驶人侧玻璃升降器开关时，该端子会发出方波脉冲信号），由此说明测试点到 J387 之间的 LIN 线没有故障。

第五步：检查 J387 线束端的 LIN 线信号是否正常

恢复 J927 的电气连接器，打开点火开关，拔开 J387 电气连接器，用万用表测量 J387 连接器线束端 T20h/15 端子搭铁电压。

在正常情况下，该端子电压应维持在 +B，实测结果始终为 0，说明 LIN 线端子在 J927 内部与蓄电池负极短路或断路。进一步测量 J387 连接器线束端 T20h/15 端子和搭铁之间的电阻，实测结果为 0，说明 LIN 线端子在 J927 内部与蓄电池负极短路，需更换 J927。

更换新的控制单元后，驾驶人侧右后玻璃升降器开关可以操控右后车窗升降，但右后车门上的玻璃升降器开关不能控制自身车窗升降。打开示宽灯档时，右后门玻璃升降器按钮上指示灯还是不亮，但中控门锁恢复正常。

第六步：清除故障码并再次读取故障码

打开点火开关，用解码器扫描网关，读取故障码，发现无相关故障码。

第七步：读取数据流

打开点火开关，用解码器读取数据流，测量值（52 - 15）始终显示未操作。实测结果异常，可能原因为：

1）J927 自身故障。

2）J927 与 E713 之间电路故障。

3）E713 自身故障。

第八步：检查 E713 开关输入是否正常

根据开关的工作原理，J927 通过 T20k/2 给 E713 提供方波脉冲参考信号，通过 T20k/17 给 E713 提供搭铁。操作 E713 时，开关会给电路串入不同的电阻，从而改变参考信号的幅值，J927 就是通过幅值的变化来识别不同的档位指令。因此测量时在信号线上任何一点进行测试都可以发现故障。

测量时，首先打开点火开关，操作 E713 开关，测量开关信号波形。在正常情况下，在不操作开关时，应测得最高幅值的电压，而在点动上升（图 7-4a）、自动上升（图 7-4b）、点动下降（图 7-5a）、自动下降（图 7-5b）时，会测得不同幅值的信号波形电压，实测始终是空档波形。实测结果异常，说明：

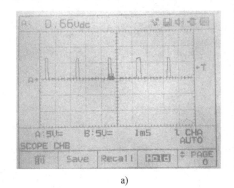
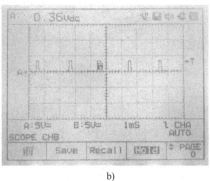

a)　　　　　　　　　　　　　b)

图　7-4

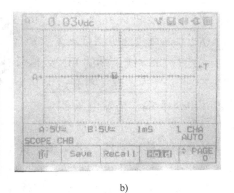

a)　　　　　　　　　　　　　b)

图　7-5

1）J927 自身故障，无法给 E713 提供搭铁信号。
2）J927 与 E713 之间搭铁电路故障。
3）E713 自身断路故障。

第九步：检查 E713 搭铁是否正常

打开点火开关，用万用表测量 E713 的 T4an/1 的搭铁电压。在正常情况下，该端子电压应小于 0.1V。实测结果正常，说明开关搭铁正常。加之开关参考信号正常，说明开关信号异常的原因为开关自身损坏。更换新的开关后，故障排除，系统恢复正常。

案例 2：J387 内 LIN 线对正极短路、E713 内部上升触点损坏的故障检修

注意：在关闭点火开关、打开车门的情况下设置故障，故障设置完成后拔下钥匙，锁闭车门。

1. 故障现象

打开点火开关，驾驶人侧右后车窗升降器开关及右后车门上的升降器开关均不能控制右后车窗玻璃升降器的上升和下降；关闭所有车门后，仪表板始终显示右后门开启；操作中控锁按钮：落锁时所有车门均不动作，解锁时除右后车门外，其他车门及行李箱解锁时均正常动作；操作遥控器锁止或解锁：右后车门不动作，其他车门均布正常；打开示宽灯档时，右后门玻璃升降器按钮上照明灯不亮，其余正常。

2. 故障分析（图7-6）

驾驶人侧玻璃升降器开关、中控门锁开关无法控制右后车门，但可以控制其他车门。加上右后门玻璃升降器按钮上照明灯不亮，那故障极有可能是J387与J927之间通信故障造成的。

如果系统有故障码提示，则按照故障码指示的内容进行诊断。如果没有故障码，则需要根据故障概率进行诊断。

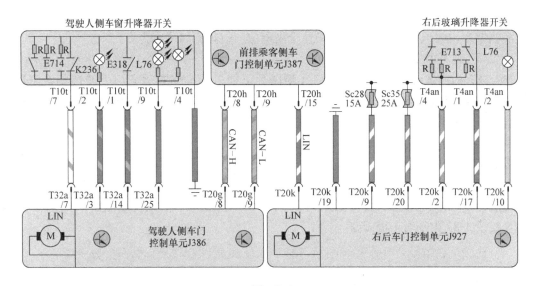

图 7-6

3. 诊断流程

第一步：读取故障码

1）地址码42中：010002，本地数据总线无通信，未达到下限。

2）020602：B122C01，中控锁电动机电气故障。

3）020702：B122E39，中控锁开关，后部不可靠信号。

根据故障码可知J387与J927之间通信存在故障，导致当中控锁开关工作时，J387收不到J927的中控锁开关反馈信号。因此认为右后门中控锁电动机存在故障，造成故障的主要原因有：

1）J387自身故障。

2）J387与J927之间电路故障。

3）J927自身故障。

第二步：检查J927端的LIN线信号是否正常

打开点火开关,操作驾驶人侧的右后车门玻璃升降器开关或中控门锁开关,用万用表测量 J927 一侧 T20k/8 端子对搭铁的波形。在正常情况下,应测得图 7-7a 所示的波形,实测为图 7-7b 所示的波形。

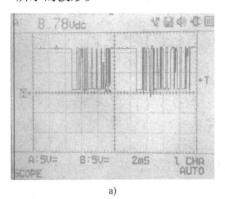
a)

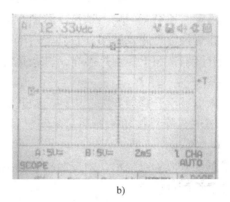
b)

图 7-7

实测结果说明,LIN 总线波形始终处于高电位,故障原因可能为:

1)J387 到 J927 之间 LIN 对正短路。

2)J387 到测试点之间 LIN 线断路(断路后,如果不操作右后车门上的玻璃升降器开关,则 J927 会持续发出蓄电池电压。如果操作右后车门上的玻璃升降器开关,则 J927 会有一段时间的方波信号)。

第三步:检查 J927 线束端的 LIN 线信号是否正常

拔开 J927 的电气连接器,打开点火开关,操作驾驶人侧的右后车门玻璃升降器开关或中控门锁开关,用万用表测量 J927 连接器线束端 T20k/8 端子对搭铁波形。在正常情况下,应测得图 7-8a 所示的波形,实测结果为图 7-8b 所示的波形,由此说明测试点到 J387 之间的 LIN 线或 J387 内部对正极短路。

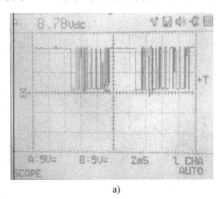
a)

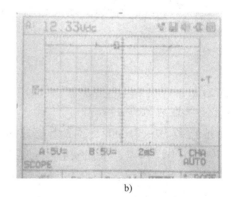
b)

图 7-8

第四步:检查 J927 内部的 LIN 线是否搭铁短路

断开蓄电池负极,恢复 J927 的电气连接器,拔开 J387 的电气连接器,用万用表测量 J387 连接器线束端 T20h/15 端子对蓄电池正极电路之间的电阻。

在正常情况下,该端子与正极之间的电阻应很大,实测为 0,说明短路点应该在 J387 内部,需更换 J387。

更换后，清除故障码，驾驶人侧的玻璃升降器开关可以控制右后门玻璃升降器正常工作，中控门锁也恢复正常。但右后车门上的升降器开关还是只能正常控制车窗下降，不能控制玻璃升降器上升。可能原因为开关信号输入故障。

第五步：清除故障码并再次读取故障码

打开点火开关，用解码器扫描网关，读取故障码，发现无相关故障码。

第六步：读取数据流

打开点火开关，用解码器读取数据流，测量值（52 – 15）始终显示未操作，实测结果异常，可能原因为：

1）J927 自身故障。

2）E713 自身故障。

第七步：检查 E713 开关输入是否正常

根据开关的工作原理，J927 通过 T20k/2 给 E713 提供方波脉冲参考信号，通过 T20k/17 给 E713 提供搭铁。操作 E713 时，开关会给电路串入不同的电阻，从而改变参考信号的幅值。J927 就是通过幅值的变化来识别不同的档位指令。因此测量时在信号线上任何一点进行测试都可以发现故障。

测量时，首先打开点火开关，操作 E713 开关，测量开关信号波形。在正常情况下，在不操作开关时，应测得最高幅值的电压，而在点动上升（图 7-9a）、自动上升（图 7-9b）、点动下降（图 7-10a）、自动下降（图 7-10b）时，会测得不同幅值的信号波形电压。

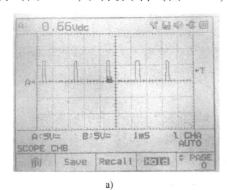

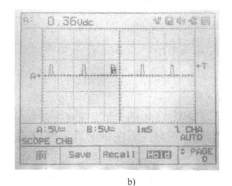

a)   b)

图　7-9

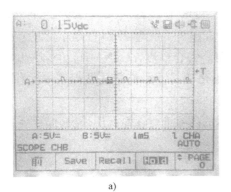

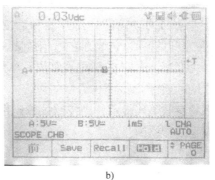

a)   b)

图　7-10

实测点动上升、自动上升波形始终如图 7-11 所示，实测结果异常。由于点动下降、自动下降时波形正常，说明 E713 自身断路故障。更换新的开关后，故障排除，系统恢复正常。

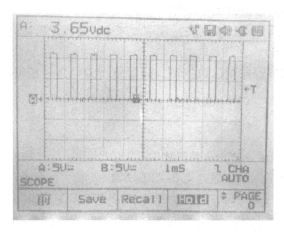

图 7-11

案例 3：J386 端 T20g/8、J387 端 T20h/9 内部断路，E715 上升触点损坏的故障检修

注意：在关闭车门及点火开关的情况下设置故障，故障设置完成后拔下钥匙，锁闭车门。

1. 故障现象

打开点火开关或起动车辆，驾驶人侧玻璃升降器开关无法操作右侧前后车窗玻璃升降器的升降，但可以正常控制左侧前后车窗玻璃升降器的升降。同时关闭所有车门后，操作中控锁按钮和遥控器落锁，所有车门正常。操作后视镜，左侧后视镜工作正常，右侧后视镜无法调节。向右拨动转向灯开关，右侧后视镜上的转向指示灯无法正常工作。

2. 故障分析（图 7-12）

中控门锁工作正常，说明中控锁开关与 J386、J387、J926、J927、J393 之间的通信没有中断；位于左前门的玻璃升降器开关和后视镜调整开关无法控制右侧车门的运行，说明 J386 与 J387 之间的 CAN 总线存在通信故障。两者综合以后，CAN – H、CAN – L 均有（断路）故障，并且断点分布在不同的部位，单线通信模式不影响舒适性控制单元和四个车门控制单元之间的通信。

如果系统有故障码提示，则按照故障码指示的内容进行诊断。如果没有故障码，则需要根据故障概率进行诊断。

3. 故障诊断

第一步：扫描网关列表

发现地址码 42 和 52 无法达到，但别的单元可以到达，说明网关与 J386 和 J387 之间均通信异常，可能原因为：

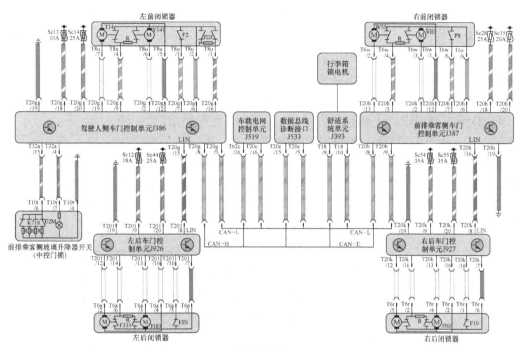

图　7-12

1）J386 自身故障。

2）J387 自身故障。

3）CAN 总线故障。

诊断时，应先排除 CAN 总线故障，再排除元器件故障。因为网关可以到达其他单元，只是不能到 J386 和 J387，所以可以从 J386 或 J387 连接器处开始进行测量，确定故障所在。

第二步：测量 J386 的 CAN 总线信号输出

关闭点火开关，断开 J387 端的电气连接器（含 CAN 总线），然后打开点火开关，操作驾驶人侧的右窗玻璃升降器开关或后视镜调整开关。用示波器的双通道功能同时测量 J387 端电气连接器的 T20h/8、T20h/9 的对搭铁信号波形。在正常情况下应测得图 7-13a 所示的波形，实测为图 7-13b 所示的波形（实际应为上下对调）。

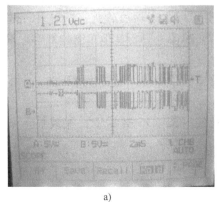
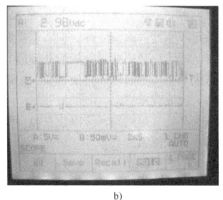

a)　　　　　　　　　　　　　　　　　b)

图　7-13

通过波形可以看出，CAN – L 信号基本正常，而 CAN – H 信号为一电压值为 0 的直线，可能原因为：

1）测试点到 J386 之间的电路断路。

2）测试点到 J386 之间的电路搭铁短路（如果波形有明显的振荡，则这种故障可能应可以排除）。

3）J386 自身故障，从而造成 CAN – H 没有波形信号输出。

第三步：测量 J387 的 CAN 总线信号输出

关闭点火开关，连接 J387 端的电气连接器，断开 J386 端的电气连接器（含 CAN 总线），然后打开点火开关，操作前排乘客侧的玻璃升降器开关。用示波器的双通道功能同时测量 J383 端电气连接器的 T20j/8、T20j/9 的对搭铁信号波形。在正常情况下，应测得图 7-14a 所示的波形，实测为图 7-14b 的波形（实际应为上下对调）。

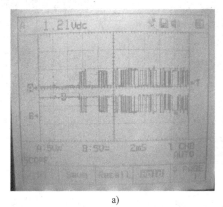 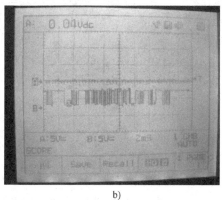

a)　　　　　　　　　　　b)

图 7-14

通过波形可以看出，CAN – H 信号基本正常，而 CAN – L 信号为一电压值为 0 的直线。结合上步测试说明，J386 与 J387 之间的电路没有异常搭铁和断路故障，造成上步中 CAN – H 信号异常的原因可能是 J386 及其电路连接器故障；造成该步中 CAN – L 信号异常的原因可能是 J387 及其电路连接器故障。

在仔细检查 J386、J387 的电气连接器没有故障的情况下，只能确认 J386、J387 自身故障。更换控制单元、进行必要编码（有时不需要）后，清除故障码，试验发现驾驶人侧玻璃升降开关可控制右前车窗降落，但不能控制右前车窗上升，其他车窗均能够正常升降。

第四步：清除故障码并再次读取故障码

打开点火开关，用解码器扫描网关，读取故障码，发现无相关故障码。

第五步：读取数据流

打开点火开关，用解码器读取数据流，测量值（52 – 15 数据组）始终显示未操作，实测结果异常，可能原因为：

1）J386 自身故障。

2）E715 自身故障。

第六步：检查 E715 开关输入是否正常

根据开关的工作原理，J386 通过 T32a/15 给 E715 提供方波脉冲参考信号，通过 T32a/

21 给 E715 提供搭铁。操作 E715 时，开关会给电路串入不同的电阻，从而改变参考信号的幅值，J386 就是通过幅值的变化来识别不同的档位指令。因此测量时在信号线上任何一点进行测试都可以发现故障。

测量时，首先打开点火开关，操作 E715 开关，测量开关信号波形。在正常情况下，在不操作开关时，应测得最高幅值的电压，而在点动上升（图 7-15a）、自动上升（图 7-15b）、点动下降（图 7-15c）、自动下降（图 7-15d）时，会测得不同幅值的信号波形电压，如图 7-16 所示。

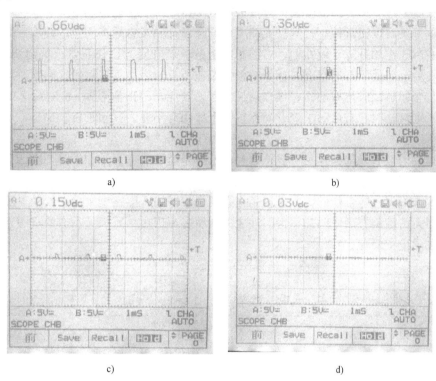

图　7-15

实测点动上升、自动上升波形始终如图 7-16 所示，实测结果异常。由于点动下降、自动下降时波形正常，说明 E715 自身断路故障。更换新的开关后，故障排除，系统恢复正常。

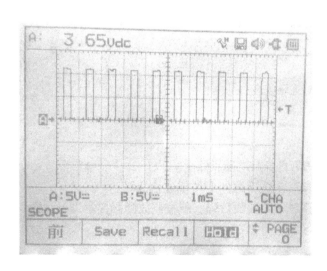

图　7-16

案例4：J387上的LIN线端子断路、J387与J927之间B柱上的连接器断路，E712上升触点搭铁短路的故障检修

注意：关闭点火开关、打开车门的情况下设置故障，故障设置完成后拔下钥匙，锁闭车门。

1. 故障现象

驾驶人侧左后玻璃升降器开关可以操控左后车窗上升，不能控制下降，但左后车门上的玻璃升降器开关可以正常控制；驾驶人侧玻璃升降器开关及右后车门上的玻璃升降器开关均无法操控右后车窗的升降，但左前、右前车门上的玻璃升降器工作正常；关闭所有车门后，仪表显示右后车门处于开启状态；操作中控锁按钮所有车门均无法落锁，解锁时除右后车门外车门及行李箱解锁时均有动作；操作遥控钥匙，其他车门正常落锁，但右后车门仍无法落锁；打开示宽灯档时，右后门玻璃升降器按钮上照明灯不亮，其余正常。

2. 故障分析（图7-17）

左后车门的玻璃升降器开关可以正常控制自身车窗玻璃的上升和下降，再加上玻璃的上升和下降是靠同一个电动机的正转和反转完成的，因此电动机及其供电电路没有问题，造成该车门玻璃升降器不能工作的原因应该是在开关机信号输入电路上。由于驾驶人侧的中控开关或遥控器无法控制右后车门的运行，加之关闭所有车门后，仪表显示右后车门处于开启状态，说明故障应主要在：

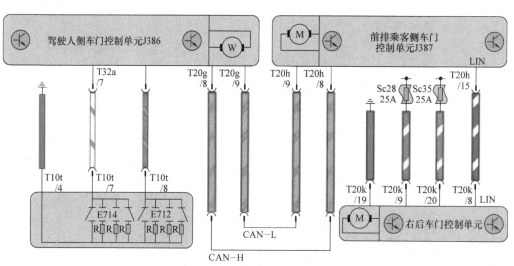

图 7-17

1）J927自身及电源点路上。

2）J927与J387之间LIN线通信故障。

如果系统有相关故障码，就按照故障码提示进行诊断。如果没有故障码，就需要按照故障现象分区域进行诊断。

3. 诊断过程

第一步：扫描控制单元，读取故障码

地址码 52 中：010002、U10BA00，本地数据总线无通信，未达到下限。通过故障码说明 J387 与 J927 之间的通信存在故障，才导致右后门的功能失效。这可能是由于以下几个原因造成的：

1）J387 自身故障。

2）J387 与 J927 之间 LIN 总线电路故障。

3）J927 自身故障。

第二步：检查 J927 一侧 LIN 总线信号是否正常

打开点火开关，操作驾驶人侧的右后门玻璃升降器开关或中控门锁开关，用示波器测量 J927 一侧的 T20k/8 端子对搭铁波形（可以使用跨接线，以确保可以测得 J927 连接器端子上的真实信号）。在正常情况下，应测得类似图 7-18a 所示的波形，实测为相当于蓄电池电压的直线，如图 7-18b 所示的波形。

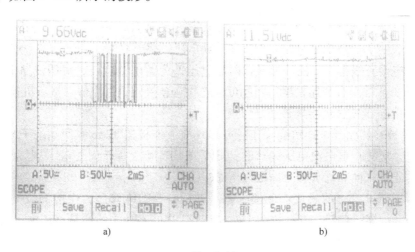

图 7-18

测试结果表明 LIN 总线信号始终维持在蓄电池正极电压，属于异常，可能原因为：

1）LIN 总线对正极短路。

2）测试点到 J387 之间的 LIN 总线出现断路。

注意：这种情况下，如果不操作右后门上的玻璃升降器开关，J927 就会持续发出蓄电池正极电压信号，而操作时就会发出图 7-18a 所示的信号波形。

第三步：检查 J927 线束侧 LIN 总线信号是否正常

断开 J927 连接器，打开点火开关，操作驾驶人侧的右后门玻璃升降器开关或中控门锁开关，用示波器测量 J927 连接器线束一端的 T20k/8 端子对搭铁波形。在正常情况下，应测得类似图 7-19a 所示的波形，实测为相当于搭铁电压的直线，如图 7-19b 所示的波形。

测试结果表明 LIN 总线信号始终维持在搭铁电压，属于异常，可能原因为：

1）J387 自身故障。

2）测试点到 J387 之间的 LIN 总线出现断路。

第四步：检查 J387 线束侧搭铁电压

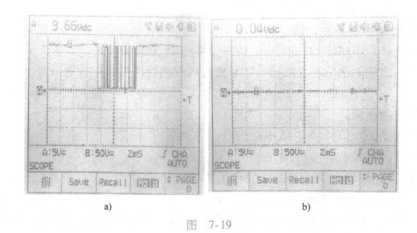

a)   b)

图　7-19

恢复 J927 连接器，断开 J387 连接器，用万用表测量 J386 连接器线束一端 T20h/15 端子的搭铁电压。在正常情况下，应测得蓄电池电压。

注意：J387 连接器处于断开状态。实测为相当于搭铁电压。

实测结果表明 LIN 总线信号始终维持在搭铁电压，属于异常。由于 J927 的 T20k/8 端子搭铁电压为蓄电池正极电压，同一根导线两端电压差为蓄电池电压，说明线路上存在断路。查阅资料发现在 B 柱上有个连接器，因此可以先检查连接器是否完好，然后再检查导线。

第五步：检查 B 柱连接器是否完好

保持 J387 连接器断开，用示波器分别测量 B 柱上连接器 T28b/6 两端端子的搭铁电压。在正常情况下，应测得蓄电池电压（注意：J387 连接器处于断开状态）。实测为：靠近 J927 侧的端子电压正常，而靠近 J387 侧相当于搭铁电压。

实测结果说明 B 柱上的连接器连接故障。进行必要的维修后，连接 J387 电气连接器，系统故障依旧，故障码依然存在，说明 J387 与 J927 之间 LIN 总线还是存在故障。

第六步：再次检查测量 J387 端 LIN 线波形

打开点火开关，操作驾驶人侧的右后门玻璃升降器开关或中控门锁开关，用示波器测量 J387 一侧 T20h/15 端子的对搭铁波形（可以使用跨接线，以确保可以测得 J387 连接器端子上的真实信号）。在正常情况下，应测得类似图 7-20a 所示的波形，实测为相当于蓄电池电压的直线，如图 7-20b 所示的波形。

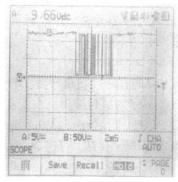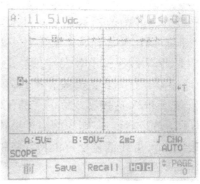

a)   b)

图　7-20

实测结果说明 J387 没有发出正确的波形信号，蓄电池电压来自 J927。右前门上的玻璃升降器电动机、门锁电动机、后视镜的部分功能可以实现，说明 CAN 总线工作正常、J387 自身供电没有问题，造成 J387 不能正常输出 LIN 线信号的原因只能是 J387 自身损坏。更换 J387 后，驾驶人侧玻璃升降器开关可以正常操控右后车窗的升降；关闭所有车门后，仪表显示右后车门处于关闭状态；操作中控锁按钮所有车门均可以落锁；操作遥控钥匙，所有车门正常落锁。但驾驶人侧左后玻璃升降器开关还是只可以操控左后车窗上升，不能控制下降。而左后车门上的玻璃升降器开关可以正常控制，说明驾驶人侧升降器开关及信号输入电路存在故障。

第七步：清除并再次读取故障码

发现无故障码，只能基于原理对驾驶人侧升降器开关及信号输入电路进行测试。

第八步：检查驾驶人侧左后车窗升降器开关的信号输入是否正常

在地址码 42 中读取驾驶人侧左后车窗升降器开关的测量值（42-66 数据组），在上升时显示未操作（异常），其他正常。根据玻璃升降器控制开关的工作原理，说明在进行下降操作时，控制单元没有接收到正确的信号，可能故障原因为：

1）开关自身的故障。

2）J386 自身故障。

第九步：检查开关 E712 的信号输出是否正常

打开点火开关，操作驾驶人侧的左后门玻璃升降器开关，用示波器测量 E712 的 T10t/5 端子的对搭铁波形。在正常情况下，在点动上升（图 7-21a）、自动上升（图 7-21b）、点动下降（图 7-21c）、自动下降（图 7-21d）时，应可以测得不用幅值的方波脉冲信号（该信号有控制单元发出，在不同档位，升降器开关串入不同的电阻，从而改变信号的幅值，控制单

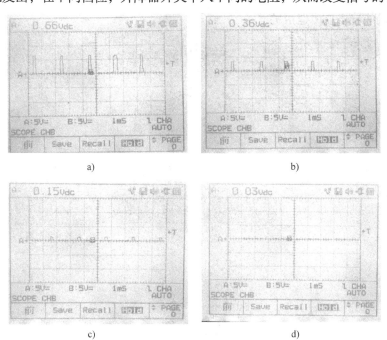

a)   b)

c)   d)

图 7-21

元就是根据信号的幅值来判定开关指令）。实测结果：在点动上升和自动上升时，开关信号未见异常，而点动下降和自动下降时，开关信号电压始终为 0（故障为相应电路短路，如果开路，则信号幅值始终保持未操作时状态）。

实测结果说明，开关内部上升触点搭铁短路。更换新的车窗升降器开关，系统性能恢复正常。

注意：也可以从 J387 处测量 LIN 总线信号开始。

案例 5：J926 内部 LIN 线搭铁短路，E712 上升触点损坏的故障检修

注意：在关闭点火开关、打开车门的情况下设置故障，故障设置完成后拔下钥匙，锁闭车门。

1. 故障现象

打开点火开关，驾驶人侧和左后车门的玻璃升降器开关均无法控制左后车窗升降机工作，其他车窗正常；关闭所有车门后，仪表中始终显示左后门开启；操作中控锁按钮，落锁时所有车门均不动作；解锁时除左后车门外，其他车门及行李箱解锁时均动作。操作遥控器，左后车门不动作，其他车门能够正常锁止或解锁；打开示宽灯档时，左后门玻璃升降器按钮上照明灯不亮，其余正常。

2. 故障分析（图 7-22）

驾驶人侧玻璃升降器开关、左后车门上的升降器开关均不能正常控制左后车窗升降的运行，中控门锁开关及遥控器无法控制左后车门门锁电动机的运行，因此故障极有可能是 J386 与 J926 之间通信故障造成的。

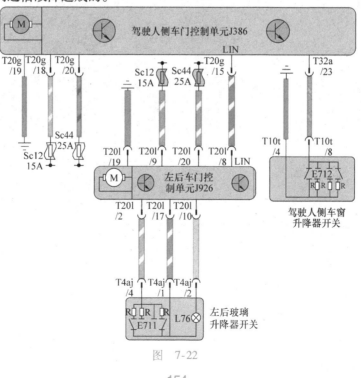

图 7-22

如果系统有故障码提示，则按照故障码指示的内容进行诊断。如果没有故障码，则需要根据故障概率进行诊断。

3. 诊断流程

第一步：读取故障码

地址码 42 中 010002：本地数据总线无通信，未达到上限。

根据故障码可以看出，J386 与 J926 之间 LIN 线上的电位未达到理想的高度，从而影响到 J386 与 J926 之间的通信，导致左后门的所有功能失效。其他车门功能正常，说明 J386 供电、搭铁及相应的控制电路没有问题，造成故障的主要原因有：

1）J386 自身故障。

2）J386 与 J926 之间电路故障。

3）J926 自身故障及电源电路故障。

第二步：检查 J926 端的 LIN 线信号是否正常

打开点火开关，操作驾驶人侧的左后车门玻璃升降器开关或中控门锁开关，用万用表测量 J926 的 T201/8 端子的对搭铁波形（可以使用跨接线，以确保可以测得 J927 连接器端子上的真实信号）。在正常情况下应测得图 7-23a 所示的波形，实测为图 7-23b 所示的波形。

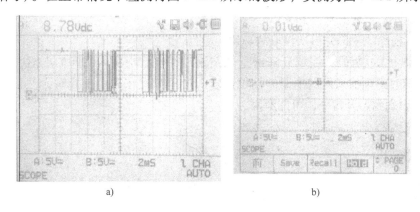

a)   b)

图　7-23

实测结果说明，LIN 总线波形始终处于低电位，故障原因可能为：

1）J386 到 J926 之间 LIN 搭铁短路。

2）测试点到 J386、J926 之间 LIN 线断路。

第三步：检查 J386 与 J926 之间电路是否搭铁短路

同时拔下 J386、J926 的电气连接器，用万用表测量 J386 的 T20g/15 至 J926 的 T201/8 之间的导通性，以及两个端子对搭铁电阻。在正常情况下，两个端子之间的电阻应小于 0.5Ω，对搭铁电阻应无穷大。实测结果正常，说明 J386 或 J926 内 LIN 线存在搭铁短路或断路。

第四步：检查 J926 线束端的 LIN 线信号是否正常

拔开 J926 的电气连接器，打开点火开关，操作驾驶人侧的左后车门玻璃升降器开关或中控门锁开关，用万用表测量 J926 连接器线束端 T201/8 端子对搭铁波形。在正常情况下，应测得图 7-24 所示的波形，实测结果正常。（注意：在打开点火开关或操作中控门锁开关、驾驶人侧玻璃升降器开关时，该端子会发出方波脉冲信号），由此说明测试点到 J386 之间

LIN 线没有故障。

第五步：检查 J386 线束端的 LIN 线信号是否正常

恢复 J926 的电气连接器，拔开 J386 的电气连接器，打开点火开关，用示波器测量 J386 连接器线束端 T20g/15 端子对搭铁波形。

在正常情况下，该端子电压应维持在 +B，实测结果始终为 0，说明 LIN 线端子在 J926 内部与蓄电池负极短路或断路。进一步测量 J386 连接器线束端 T20g/15 端子

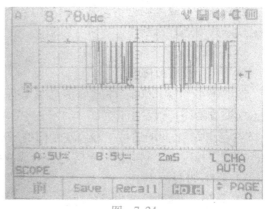

图 7-24

和搭铁之间的电阻，实测结果为 0，说明 LIN 线端子在 J926 内部与蓄电池负极短路，需更换 J926。

更换新的控制单元后，驾驶人侧左后玻璃升降器开关可以操控左后车窗下降，但不能控制上升，左后车门上的玻璃升降器开关可以正常控制自身车窗升降，中控门锁也恢复正常，说明驾驶人侧左后玻璃升降器开关信号输入异常。

第六步：清除故障码并再次读取故障码

实测结果为无故障码。玻璃升降器开关是通过在电路中串入不同的电阻，进而改变由 J386 发出的信号的幅值来识别不同的档位需求。这里只有在需要上升时无法正确控制，说明 J386 没有识别到上升指令，可能原因为：

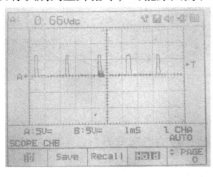

a)

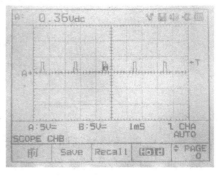

b)

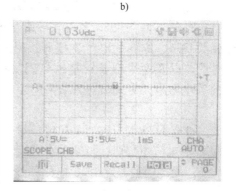

c)

d)

图 7-25

1）J386 自身（软件）故障。

2）E712 自身故障。

第七步：E712 输入信号检测

打开点火开关，操作驾驶人侧的左后车门玻璃升降器开关，用解码器读故障码，在地址码42 中读取驾驶人侧左后车窗升降器开关的测量值（42 – 66 数据组）。正常值：能随操作动作变化，测量值：在上升时显示未操作（异常），其他正常，可能原因为：

1）J386 自身（软件）故障。

2）E712 自身故障。

第八步：检查开关 E712 的信号输出是否正常

打开点火开关，操作驾驶人侧的左后车门玻璃升降器开关，用示波器测量 J926 的 T10t/8 或者 J386 的 T32a/23 对搭铁波形。在正常情况下，在不同档位，信号脉冲的幅值应该有所变化。实测结果为上升时幅值没有变化，说明开关自身损坏。

更换新的车窗升降器开关后，故障修复，系统性能恢复正常。

竞赛试题八：
中控门锁异常的故障检修

建议：教师可参考以下两个典型案例进行实训。

案例1：J926 LIN 线端子对电源正极短路，J926 与 VX23 之间电路断路的故障检修

注意：在关闭点火开关、打开车门的情况下设置故障。故障设置完成后拔下钥匙，锁闭车门。

1. 故障现象

打开点火开关，驾驶人侧左后车窗升降器开关及左后车门上的升降器开关均不能正常控制车窗升降；关闭所有车门后，仪表板始终显示左后门开启；操作中控锁按钮：落锁时所有车门均不动作，解锁时除左后车门外，其他车门及行李箱解锁时均正常动作。操作遥控器锁止或解锁：左后车门不动作，其他车门均正常；打开示宽灯档时，左后门玻璃升降器按钮上照明灯不亮，其余正常。

2. 故障分析（图 8-1）

驾驶人侧玻璃升降器开关、中控门锁开关无法控制左后车门，但可以控制其他车门。加之打开示宽灯档时，左后门玻璃升降器按钮上照明灯不亮，那故障极有可能是 J386 与 J926 之间通信故障造成的。

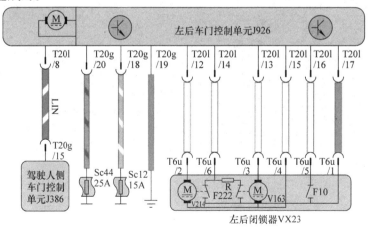

图 8-1

如果系统有故障码提示，则按照故障码指示的内容进行诊断。如果没有故障码，则需要根据故障概率进行诊断。

3. 诊断流程

第一步：读取故障码

1）地址码 42 中 010002：本地数据总线无通信，未达到下限。

2）020602：B122C01：中控锁电动机电气故障。

3）020702：B122E39：中控锁开关，后部不可靠信号。

根据故障码，可知 J386 与 J926 之间通信存在故障，才导致当中控锁开关工作时，J386 收不到 J926 的中控锁开关反馈信号。因此认为左右门中控锁电动机存在故障，造成故障的主要原因有：

1）J386 自身故障。

2）J386 与 J926 之间电路故障。

3）J926 自身故障。

第二步：检查 J926 端的 LIN 线信号是否正常

打开点火开关，操作驾驶人侧的左右车门玻璃升降器开关或中控门锁开关，用万用表测量 J926 一侧 T20l/8 端子对搭铁波形（可以使用跨接线，以确保可以测得 J927 连接器端子上的真实信号）。在正常情况下应测得图 8-2a 所示的波形，实测为图 8-2b 所示的波形。

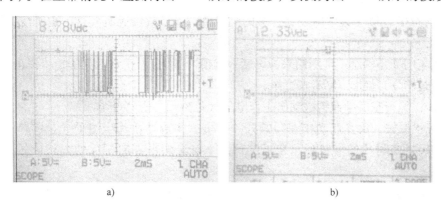

a)   b)

图 8-2

实测结果说明，LIN 总线波形始终处于高电位，故障原因可能为：

1）J386 到 J926 之间 LIN 对正短路。

2）J386 到 J926（测试点）之间 LIN 线断路（断路后，如果不操作左后车门上的玻璃升降器开关，则 J926 会持续发出蓄电池电压；如果操作左后车门上的玻璃升降器开关，则 J926 会一段时间的方波信号）。

第三步：检查 J926 线束端的 LIN 线信号是否正常

拔开 J926 的电气连接器，打开点火开关，操作驾驶人侧的左右车门玻璃升降器开关或中控门锁开关，用万用表测量 J926 连接器线束端 T20l/8 端子对搭铁波形。在正常情况下，应测得图 8-3 所示的波形，实测结果正常（注意：在打开点火开关或操作中控门锁开关、驾驶人侧玻璃升降器开关时，该端子会发出方波脉冲信号）。由此可知测试点到 J386 之间

LIN 线没有故障。

第四步：检查 J926 内部 LIN 线是否搭铁短路

断开蓄电池负极，恢复 J926 的电气连接器，拔开 J386 的电气连接器，用万用表测量 J386 连接器线束端 T20h/15 端子对蓄电池正极电路之间的电阻。

在正常情况下，该端子与正极之间的电阻应很大，实测为 0，说明短路点应该在 J386 内部，需更换 J386。

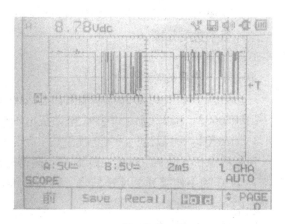

图 8-3

更换后，清除故障码，左后门玻璃升降器恢复正常，但左后门门锁电动机依然不工作（无法落锁）。可能原因为：

1）J926 自身故障。

2）J926 与 VX23 之间线路故障。

3）VX23 自身故障。

第五步：检查门锁机构工作是否正常

用解码器在 J386 中读取中控锁开关的测量值，验证故障码真实性，也可使用执行元件诊断功能：

1）后车门锁止状态：实测结果为解锁→解锁（异常）；正常时为解锁→锁止。

2）通过测量，说明 VX23 未工作。

第六步：检查左后中控锁电动机工作电压（J926 端）是否正常

打开点火开关，反复点动中控门锁开关，用示波器测量两个端子（控制单元端 T201/14、T201/16）之间的信号波形。在正常情况下，应测得方向相反的方波信号，如图 8-4 所示。

注意：按照控制原理，测量左后中控锁电动机工作电压时应该从电动机一端的电气连接器处进行测量。但为了在此连接器处进行测量，需要拆下门内钢板，这样可能会造成升降机构散落。因此基于方便原则，从控制器一端开始进行测量。

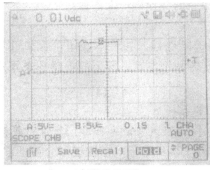
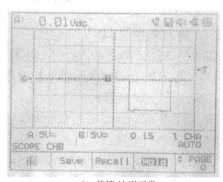

a) 解锁:波形正常　　　　　　　b) 落锁:波形正常

图 8-4

测试说明，控制单元发出了正常的控制信号，而造成中控门锁开关不能工作的原因可能是：

1）J926 到 VX23 之间线路断路。

2）VX23 自身损坏，电动机不能工作。

第七步：检查左后中控锁电动机工作电压（VX23 端）是否正常

打开点火开关，反复点动中控门锁开关，用示波器测量 T6u/5、T6u/6 之间的信号波形。在正常情况下，应测得方向相反的方波信号。实测正常，说明 VX23 门锁电动机总成存在问题。更换后，系统恢复正常，故障排除。

案例 2：J926 内 LIN 线端子断路，E308 内部触点损坏的故障检修

注意：在关闭点火开关、打开车门的情况下设置故障，故障设置完成后拔下钥匙，锁闭车门。

1. 故障现象

打开点火开关，驾驶人侧车窗玻璃升降器开关能正常控制左前、右前、右后车窗玻璃升降器的下降和上升；驾驶人侧左后车窗玻璃升降器开关和左后车门上的升降器开关均不能正常控制左后车窗玻璃的升降；关闭所有车门后，仪表板始终显示左后门开启；操作中控锁按钮或操作遥控器，左后门锁电动机没有动作，其余门锁电动机只能开锁或只能落锁；打开示宽灯档时，左后门玻璃升降器按钮上照明灯不亮，其余正常。

2. 故障分析（图 8-5）

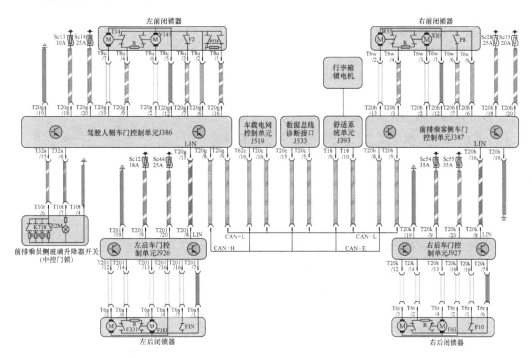

图 8-5

由于驾驶人侧的左后车窗玻璃升降器开关、中控门锁开关均不能正常控制左后车门，加之打开示宽灯档时，左后门玻璃升降器按钮上照明灯不亮，说明左前车门和左后车门之间通信存在故障；中控门锁开关只能控制左前、右前、右后门锁电动机开锁或落锁，根据开关的结构和工作原理，说明开关信号输入存在异常。

如果系统有故障码提示，则按照故障码指示的内容进行诊断。如果没有故障码，则需要根据故障概率进行诊断。

3. 诊断流程

第一步：读取故障码

地址码 52 中 010001，U10BA00：本地数据总线无通信，未达到下限。

通过故障码可知 J386 与 J926 之间的通信存在故障，才导致右后门的功能失效。造成故障的主要原因有：

1）J386 自身故障。

2）J386 与 J926 之间电路故障。

3）J926 自身故障。

第二步：检查 J926 端的 LIN 线信号是否正常

打开点火开关，操作驾驶人侧的左、右车门玻璃升降器开关或中控门锁开关，用万用表测量 J926 的 T20l/8 端子的对搭铁波形。在正常情况下，应测得图 8-6 所示的波形，实测正常，说明测试点可以检测到 J386 的信号。故 J386 和 J926 之间通信异常的原因：

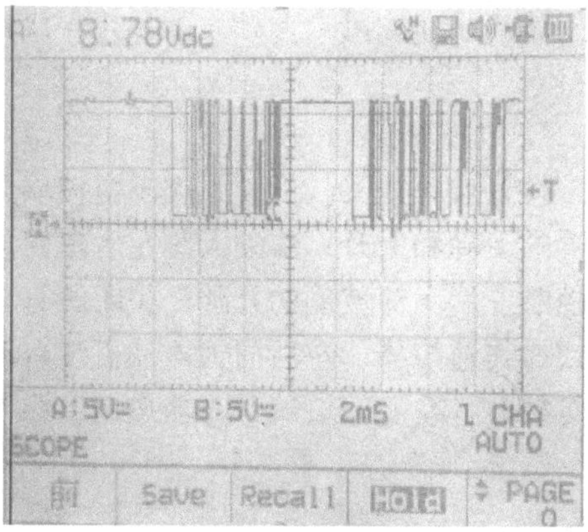

1）测试点到 J926 之间 LIN 故障。

2）J926 自身及电源电路故障。

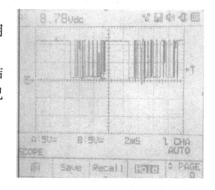

图 8-6

注意：在没有进行任何操作的情况下，J926 会发出蓄电池电压，不会发出波形信号。

第三步：检查 J386 线束端的 LIN 线信号是否正常

拔开 J386 的电气连接器，打开点火开关，用万用表测量 J386 连接器线束端 T20g/15 端子对搭铁波形。

在正常情况下，该端子电压应维持在 +B，实测结果始终为 0。在排除 J386 与 J926 之间导线故障的情况下，故障可能在：

1）J926 连接器故障。

2）J926 自身及电源电路故障。

第四步：检查 J926 的电源电路是否正常

恢复 J386 的电气连接器，用万用表测量 J926 的 T201/4、T201/9、T201/20 的搭铁电压。在正常情况

图 8-7

下，T201/4 搭铁电压应为搭铁电压，T20l/9 和 T20l/20 搭铁电压应为 +B，否则说明 J926 供电存在问题。实测结果正常，在检查 J926 连接器没有故障的情况下，怀疑 J926 自身存在故障。

更换 J926 后，清除故障码，左后门玻璃升降器电动机恢复正常；但所有门锁电动机只

能开锁或只能落锁。

由于可以正常开锁或落锁，说明在开锁或落锁时，J386 能正常接收到门锁开关 E308 的信号，但是在落锁或开锁时，J386 不能正常接收到门锁开关 E308 的信号，可能原因为：

1）J926 自身故障。

2）E308 自身故障。

第五步：检查门锁开关信号是否正常

打开点火开关，反复操作门锁开关，用示波器测量 E308 的 T4xe/4 的信号波形。在正常情况下，在未操作、开锁、落锁时，该端子可以检测到不同幅值的方波脉冲信号。实测结果为在开锁或落锁时，信号幅值没有切换，说明开关自身存在故障。更换后，系统恢复正常，故障排除。

竞赛试题九：舒适系统综合故障检修

故障点：

1）驾驶人侧右后玻璃升降器开关 E714 的 T10t/7 至 J386 的 T32a/7 之间的线路断路。

2）右后车门门锁电动机 VX24 的 T6v/1 至 J927 的 T20k/16 之间的线路断路。

1. 故障现象

1）打开点火开关，操作驾驶人侧右后玻璃升降器开关时，右后玻璃升降电动机不工作，但操作右后门上的玻璃升降开关时，右后玻璃升降电动机正常工作。

2）操作驾驶人侧的车内联锁开关时，右后车门门锁不工作，其他车门门锁正常工作。

3）无其他异常现象。

2. 系统相关电路（图9-1）

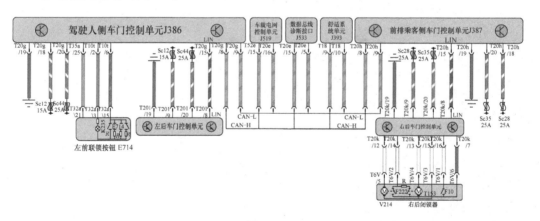

图 9-1

3. 初步分析故障现象

1）打开点火开关后，操作驾驶人侧的右后门玻璃升降器控制开关时，右后玻璃升降电动机正常工作，说明右后车门控制单元已经被正常唤醒，J519 与 J387 之间的 CAN 总线、J387 至 J927 之间的 LIN 总线通信正常，右后玻璃升降电动机本身正常。

2）驾驶人侧右前玻璃升降开关可以控制右前玻璃升降电动机正常工作，或者车内联锁开关可以控制右前车门门锁电动机，说明 J386 与 J387 之间的 CAN 总线通信正常。

因此导致驾驶人侧右后玻璃升降开关不能控制右后门玻璃升降的原因可能有：

1）驾驶人侧右后玻璃升降器开关 E714 故障。

2）E714 的 T10t/7 至 J386 的 T32a/7 之间的线路故障。

3）J386 局部故障。

4. 实施诊断

（1）测量 J386 的右后玻璃升降开关输入信号

打开点火开关，操作驾驶人侧右后玻璃升降开关，测量 J386 的 T32a/7 端子的对搭铁波形。

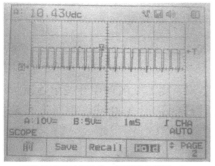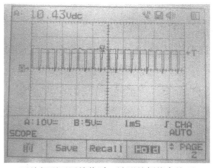

开关打到不同档位时，波形的幅值为+B，　　　开关打到不同档位时，波形的幅值会从+B
且没有变化　　　　　　　　　　　　　　　　　有相应变化
a)　　　　　　　　　　　　　　　　　　　　　b)

图 9-2

从实测波形可以看出，开关打到不同档位时，波形的幅值都没有变化，说明 J386 没有收到正确的开关信号。

因此导致驾驶人侧右后玻璃升降开关不能控制右后门玻璃升降的原因可能有：

1）驾驶人侧右后玻璃升降器开关 E714 故障。

2）E714 的 T10t/7 至 J386 的 T32a/7 之间的线路故障。

（2）测量驾驶人侧右后玻璃升降开关 E714 的输出信号

打开点火开关，操作驾驶人侧右后玻璃升降开关，测量 E714 的 T10t/7 端子的对搭铁波形。

从实测波形（图 9-3a）可以看出，开关打到不同档位时，波形的幅值始终为 0，而 T32a/7 存在波形信号，说明 E714 的 T10t/7 至 J386 的 T32a/7 之间的线路存在断路。

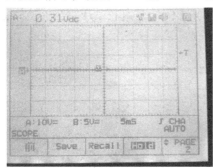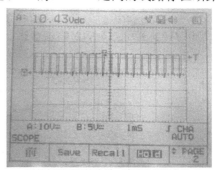

开关打到不同档位时，波形的幅值为0V，　　　开关打到不同档位时，滤形的幅值会从+B
且没有变化(实测波形)　　　　　　　　　　　有相应变化(标准波形)
a)　　　　　　　　　　　　　　　　　　　　　b)

图 9-3

简单修复线路后，驾驶人侧右后玻璃升降开关可以控制右后车门玻璃升降电动机正常工作；但操作驾驶人侧的车内联锁开关时，右后车门门锁电动机不工作，其他车门门锁正常工作。这说明 J386 已经收到正确的开关信号。由上一步可知：J387 至 J927 之间的 LIN 线正常，J386 与 J387 之间的 CAN 总线通信正常。

可能的故障原因有：

1）J927 局部故障。

2）右后门锁电动机故障。

3）右后门锁电动机到 J927 之间的线路故障。

（3）测量右后门锁电动机的电源

打开点火开关，先连接示波器，然后操作驾驶人侧的车内连锁开关至落锁状态，分别测量右后门锁电动机 VX24 的 T6v/1、T6v/2 的对搭铁波形（也可以相对进行测量），见表 9-1。

表 9-1

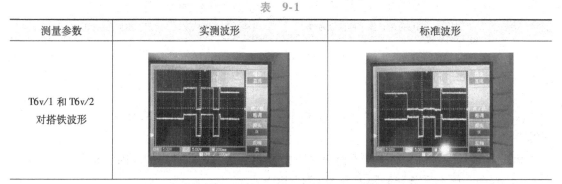

测量参数	实测波形	标准波形
T6v/1 和 T6v/2 对搭铁波形		
图中的蓝色通道 1 为 T6v/1，黄色通道 2 为 T6v/2		

从表 9-1 中的波形可以看出，门锁电动机工作时，没有形成 +B 的电压差。

可能的故障原因有：

1）J927 局部故障。

2）右后门锁电动机到 J927 之间的线路故障。

（4）测量 J927 端的门锁电动机电源信号

打开点火开关，先连接示波器，然后操作驾驶人侧的车内联锁开关至落锁状态，分别测量 J927 的 T20k/16、T20k/14 的对搭铁波形，见表 9-2。

表 9-2

测量参数	实测波形	标准波形
T20k/16 和 T20k/14 对搭铁波形		
图中的蓝色通道 1 为 T20k/16，黄色通道 2 为 T20k/14		

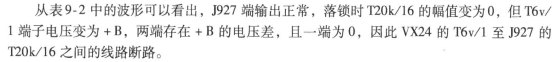

从表9-2中的波形可以看出，J927端输出正常，落锁时T20k/16的幅值变为0，但T6v/1端子电压变为+B，两端存在+B的电压差，且一端为0，因此VX24的T6v/1至J927的T20k/16之间的线路断路。

5. 结论

1）驾驶人侧右后玻璃升降器开关E714的T10t/7至J386的T32a/7之间的线路断路。

2）右后车门门锁电动机VX24的T6v/1至J927的T20k/16之间的线路断路。

6. 分析故障机理，提出维修建议

1）E714的T10t/7至J386的T32a/7之间的线路断路，导致J386无法收到E714的开关信号，因此操作E714时无法正常控制右后车门玻璃升降电动机工作。

2）VX24的T6v/1至J927的T20k/16之间的线路断路，导致J927无法为VX24提供电源，因此在操作驾驶人侧的车内上锁按钮时，右后车门门锁不工作。

3）建议修复或更换相关线路。